Les Mass media

VERLAG LAMBERT LENSING · DORTMUND

Kursmaterialien Französisch Sekundarstufe II

Serie A

Les Mass media
Bearbeiter: Norbert Becker
　　　　　Eleonore Kaeppel
　　　　　Barbara Schulz
unter Mitwirkung von
　　　　　Thomas Mößer
Sprachliche Beratung: Danielle Endepols
　　　　　　　　　　Mireille Mehlis

Copyright-Nachweis:
«La publicité ‹à Rome›». *Obélix et compagnie* par Goscinny et Uderzo. © Dargaud Editeur Paris 1976.
«L'ère de la communication mondiale». Bernard Voyenne. *La presse dans la société contemporaine*. Paris: A. Colin, 1969. © Librairie Armand Colin.
«Maigret et la presse». G. Simenon. *Le chien jaune*. Paris: Presses Pocket, 1976. © Georges Simenon 1936.
«Possibilités et techniques de la persuasion». Jean Cazeneuve. *Les Pouvoirs de la Télévision*. Paris: Gallimard, 1970. © Editions Gallimard.
«Conférence de Une». J. P. Sartre. *Nekrassov*. Paris: Editions Folio, 1975. © Editions Gallimard.
Bei Druckbeginn dieser Ausgabe lagen die Abdruckgenehmigungen für folgende Texte noch nicht vor:
«Un samedi». Alec Medieff. *Tout nu*. Paris: A. Michel, 1976.
«Le coq et le cinéma». Pierre Gamarra. *La Mandarine et le Mandarin*. Paris: Editions La Farandole, 1970.
Die bestehenden Rechte der Copyright-Inhaber werden hiermit vorsorglich und ausdrücklich anerkannt.

Alle Rechte vorbehalten
© 1978 Verlag Lambert Lensing GmbH, Dortmund

Die Vervielfältigung und Übertragung auch einzelner Textabschnitte ist – mit Ausnahme der Vervielfältigung zum persönlichen und eigenen Gebrauch gemäß §§ 53, 54 URG – ohne schriftliche Zustimmung des Verlages nicht zulässig. Dies gilt für alle Arten der Vervielfältigung.

Herstellung: Ernst Knoth, Melle
ISBN 3-559-**34246**-5
1. Auflage 1978

Table des matières

Schülerteil

Après les vacances	5
Le transistor et la mer	6
Le dialogue est communication	9
La langue publicitaire	10
La publicité «à Rome»	12
Relations publiques et pressions sur la presse	16
La familiarité des grands	17
La vie sans télévision	19
La télévision française	21
Film et télévision	22
L'Etat et l'indépendance des sociétés nationales de programmes	25
L'ère de la communication mondiale	26
Maigret et la presse	29
Possibilités et techniques de la persuasion	31
Un samedi	34
Le coq et le cinéma	36
Vocabulaire syntagmatique	38

Lehrerteil

Erläuterungen zur Methode und zum Aufbau	45
Anmerkungen und Lösungen	47
Vorschläge für Kursarbeiten (Klassenarbeiten)	58
Strukturbilder	63

* Motivationsphase

Après les vacances

J. Faizant. *Le Point*, N° 259 – 5 Septembre 1977.

Le transistor et la mer

Pendant les grandes vacances Isabelle, Sylvie, Marc et Bernard sont allés en Bretagne. Ils ont monté leurs tentes sur un terrain de camping près de la plage.

Marc: Dis, Isabelle, si tu vas faire les courses aujourd'hui en ville, il faut absolument que tu achètes des piles pour mon transistor. Il ne marche plus.

Sylvie: Oh, c'est une chance que cet engin ne marche pas; ici on entend la radio à longueur de journée; rien que des tubes et de la publicité. Pour une fois qu'on est à la mer et qu'on n'entend pas le vacarme de la ville, tu n'arrêtes pas de faire marcher ton transistor.

Marc: Oui, mais même ici il faut savoir ce qui se passe dans le monde.

Isabelle: Bon, vous discuterez après; il faut que j'y aille. Vous avez besoin d'autre chose?

Sylvie: Tu n'oublies pas mon journal? Parce que tu sais, Marc, je m'informe sans faire de bruit.

Bernard: Si tu passes au bureau de tabac, achète des Gitanes, des cartes postales et des timbres. – Au fait, toi la cuisinière, qu'est-ce que tu as prévu comme dessert aujourd'hui? Je parie que c'est encore des religieuses.

Isabelle: Tu sais bien que je les adore.

Sylvie: Tu ne pourrais pas acheter des fruits, des pommes ou du raisin pour changer un peu?

Marc: Ou un baba au rhum?

Isabelle: A vos ordres...

Bernard: Dis, si tu passes devant le cinéma, tu peux regarder les programmes? Ça m'amuserait d'aller voir un film.

Isabelle: Vous êtes des rigolos. Vous ne pouvez pas vivre sans les soi-disant bienfaits de la civilisation; les journaux, la radio, le cinéma, manque plus que la télé...

Bernard: Et toi, pourquoi prends-tu la bagnole pour faire les courses? Tu pourrais bien aller à pied pour respirer l'air frais de la mer...

Une heure plus tard Isabelle revient de la ville.

Isabelle: Eh bien, me voilà. J'espère que je n'ai rien oublié. Voilà les provisions, dans le petit sachet il y a les piles pour toi, Marc, et les cartes postales pour Bernard. Et voilà les fruits. Et j'ai quand même acheté une religieuse, quand je suis passée devant la pâtisserie, je n'ai pas pu résister. Malheureusement je n'ai pas trouvé de journaux. Les journalistes font grève.

Pendant qu'Isabelle commence à préparer le déjeuner, Marc change les piles de son transistor. Bernard met le couvert et ouvre une bouteille de vin rouge.

Isabelle: Marc, quand tu auras fini, tu pourras venir m'aider dans la tente? Et amène ton transistor, j'aime bien faire la cuisine en écoutant la radio.

Pendant le déjeuner, les jeunes sont assis autour d'une petite table; la radio marche toujours.

Bernard: C'est bête quand même qu'on n'ait pas un poste de télé, à l'heure du déjeuner il y a toujours des jeux à la télé, j'adore regarder ça en mangeant...

Isabelle: Tu ne peux même pas te passer de ta télé adorée pendant les vacances. A la maison, pendant tous les repas, mon père allume la télé; on n'a plus l'occasion de discuter.

45 *Bernard*: De toute façon, c'étaient toujours les mêmes banalités que vous vous racontiez avant; alors il vaut mieux s'informer ou s'amuser.
Marc: Oh, tais-toi. Quand je vois ces animateurs qui font tant de grimaces, j'ai envie d'arrêter le poste tout de suite.
Sylvie: Tu as raison, quand je veux m'informer, moi, je lis un journal; les infor-
50 mations que j'y trouve sont beaucoup plus claires et détaillées. D'ailleurs, tu vois, aujourd'hui que les journalistes font grève, on ne peut pas savoir quel temps il fera demain, qui a gagné le Tour, s'il y aura une grève de pompistes qui nous permettra de rester ici encore ...

Vocabulaire

la pile: appareil qui produit de l'électricité p. ex. pour les lampes de poche – *un engin*: appareil, machine – *le tube*: chanson à succès – *le vacarme*: grand bruit, tumulte – *parier*: (wetten) – *la religieuse*: ici: (mit Creme gefülltes Kaffeestückchen) – *adorer*: ici: aimer énormément – *le baba*: gâteau à pâte légère (arrosé de rhum) – *rigolo* adj./n.m.: (fam.) qui amuse, qui fait rire – *soi-disant* adj. inv.: (sogenannt, angeblich) – *la bagnole* (fam.): auto, vieille auto – *faire grève*: ne pas travailler afin d'obtenir un salaire plus élevé – *un animateur*: qui présente un spectacle ou une émission (à la télévision) – *le pompiste*: celui qui vend de l'essence.

Travaux pratiques et étude du texte

1. a) Soulignez dans le texte ci-dessus toutes les expressions qui se rapportent aux mass media ou à la communication humaine.
   b) Essayez de les regrouper selon les différents genres de communication. Vous pouvez éventuellement tenir compte de la technique employée.
   c) Remplissez le tableau suivant en vous servant des expressions trouvées dans le texte et ajoutez celles qui manquent encore.

voir	entendre	voir et entendre	écrire et lire	
				message en sens unique
				message en sens réciproque

Pour parler du système ci-dessus, vous pouvez employer les expressions suivantes:
envoyer/recevoir des informations; percevoir/transmettre des messages; le destinateur (l'émetteur); le destinataire (le récepteur)
2. Décrivez le point de vue de Sylvie, de Bernard, d'Isabelle et de Marc.

3. Essayez de décrire par des phrases complètes le modèle de communication humaine que vous trouvez ci-dessous:

4. Formez des phrases correctes à l'aide des éléments et faites l'accord du verbe qui se trouve à l'infinitif (le plus souvent):

La communication
être les images, les gestes et le langage – de communication – les moyens les plus importants. immédiat – exceller – les images et les gestes – par leur caractère. par les yeux – ils sont perçus. capable – être – le langage – de transmettre – de tout genre – des informations: des ordres, des salutations, des sentiments, des constatations etc. des choses, des actes très simples – concerner – souvent les informations (les messages); parfois – aux destinataires – des informations – donner – il s'agit aussi de – très compliquées – un fait scientifique – de leur expliquer – p. ex. pour être compris – choisir – une façon de parler – le destinateur (émetteur) au sens large du mot – qui s'adapte au destinataire (récepteur). une communication (orale/écrite) – on peut – unilatérale – distinguer – ou réciproque – c'est-à-dire dans un seul sens. un échange – pouvoir – de lettres – représenter – une communication – écrite réciproque. nous écoutons – quand – les informations, le seul à parler – être – le speaker – et nous sommes – à écouter – les seuls. d'une communication – il s'agit – orale unilatérale – donc – parce qu'il n'y a pas rétroaction. il s'agirait – pas d'un monologue – dans ce cas – d'un dialogue et. il y a – qui provoquent – des monologues – aussi – certes – des réactions – comme les applaudissements ou les protestations.

Übergang zur Filterphase / Textes d'approche

Le dialogue est communication

    1 le dialogue est communication
    2 le dialogue est confiance
    3 le dialogue est confrontation
    4 le dialogue est connaissance
    5 le dialogue est présence
    6 le dialogue est découverte
    7 le dialogue est initiative
    8 le dialogue est ouverture
    9 le dialogue est synthèse
   10 le dialogue est échange
   11 le dialogue est rapprochement
   12 le dialogue est simplification
   13 le dialogue est démonstration
   14 le dialogue est assurance
   15 le dialogue est enrichissement
   16 le dialogue est management

DANS LE DOMAINE DES SYSTÈMES INFORMATIQUES
LE DIALOGUE EST OLIVETTI
A temps incertains, sécurité nouvelle OLIVETTI

Le Nouvel Observateur, N° 582, 1975.

Travaux pratiques et étude du texte

1. Essayez de former des phrases qui expliquent les courts slogans publicitaires, en vous servant des substantifs contenus dans le texte. Voici le modèle:
Le dialogue est *communication* parce que les deux partenaires (interlocuteurs) *se communiquent* qc.
Voici quelques mots que vous pouvez utiliser dans ce but: une/son opinion; un point de vue; une attitude; une pensée; une perspective; un avis; un aspect; une expérience; une arrière-pensée; une intention; une nouvelle vision du monde; un fait; une possibilité etc.
Cherchez d'autres mots qui conviendront également. Ne vous servez pas des phrases 9, 14 et 16.
2. S'agit-il d'un vrai dialogue dans cette annonce? Comment le lecteur devrait-il «répondre», «dialoguer»?
3. Y a-t-il un ordre, un système dans le choix et la suite des termes? Si oui quelle est la phrase la plus importante et comment est-elle préparée?
4. Etudiez le champ lexical autour duquel les termes se regroupent, comparez le sens des mots et cherchez à établir un rapport avec les produits d'Olivetti.

La langue publicitaire

I. a) Obernai Village. Pour la première fois, une grande bière d'Alsace pour la table.
    b) La 1684 de Kronenbourg. Le goût de l'authentique.
    c) Blason. Le premier de sa classe. Raffiné et léger, pratique et élégant, toujours prêt partout. Blason.
    d) Skansen. Une bière française qui a bien mérité son nom scandinave.
    e) Lancia. L'automobile de précision.
    f) Rivesaltes. Des vins pour l'apéritif.
    g) Materne. La confiture qui vient tout droit du fruit.

Etude du texte

1. Quels sont les éléments qu'on attendrait dans tous ces slogans?
2. Décrivez la façon dont sont composés les slogans.
3. Quel est l'effet (psychologique) de ces slogans?

II. a) Pour mieux voyager. Lufthansa.
    b) Stabilo Boss: pour mieux souligner ce qui est important.
    c) Oil of Olaz et votre peau paraîtra jeune plus longtemps.
    d) Quelques gouttes de Viandoux et vos plats sont plus vivants et plus savoureux.
    e) Déodorant «pied nu». Pour garder les pieds confortablement secs et frais.
    f) Crème amnioderme. Pour une jeunesse sans cesse renouvelée.
    g) Pour que les nuits se suivent et ne se ressemblent pas. Springmaid.
    h) Hydra-Dior pour que le temps ne fasse pas à votre visage ce que chaque jour il fait aux fleurs ...

Etude du texte

1. Décrivez la façon dont sont composés les slogans cités ci-dessus. Quel/s est/sont leur/s point/s commun/s? En quoi se distinguent a)–f) et g)/f)?
2. Qu'est-ce qu'on pourrait ajouter? Qu'est-ce qui est donc sous-entendu?

Travaux pratiques

3. Inventez vous-mêmes des slogans et transformez-les d'après le modèle suivant:

ESPRITAL	Prenez ESPRITAL	Prenez ESPRITAL
Pour garder votre esprit confortablement sec et frais	Pour garder votre esprit confortablement sec et frais	afin que vous gardiez votre esprit confortablement sec et frais

4. Comparez les trois formes indiquées ci-dessus. En quoi consistent leurs différences? Où pourrait-on utiliser les différentes formes?

III. a) L'eau de toilette Monsieur Lanvin: un parfum qu'il faut apprendre à porter.
  b) Aujourd'hui, plus que jamais, il faut savoir prendre le temps d'écouter ce que disent les choses. (Kronenbourg)
  c) Austin Allegro 7 CV. Pour 16 690 FF échappez à la grisaille.
  d) Mercedes: investissez dans les meilleures berlines du monde.
  e) Maintenant plus que jamais pensez à l'or.
  f) Oubliez tout ce qu'on a pu vous dire.
  g) Devenez Chloé.

Etude du texte

1. Quelle est la forme grammaticale qui se retrouve dans toutes les phrases? A quoi sert-elle?

Travaux pratiques

2. Inventez d'autres slogans en les poussant jusqu'à l'absurde.
3. *Familles de mots*
   Remplacez les lacunes d'après le modèle suivant (si nécessaire utilisez un dictionnaire):

actif	agir	activité/action
suggestif	....	....
....	persuader	....
....	....	séduction
....	influer sur/influencer	....
utile	....	....
....	sensibiliser	....
....	embellir	....
....	....	réalisme/réalisation
affirmatif	....	....
télévisuel	....	....
(....................)	consommer	....
....	....	diffusion

4. *La nominalisation à base adjective*
   Reliez les phrases suivantes en transformant les adjectifs en substantifs, d'après le modèle suivant:
   Les mannequins sont souvent *jeunes,* ce qui est obligatoire pour les produits qui s'adressent aux jeunes.
   La jeunesse des mannequins est obligatoire pour les produits qui s'adressent aux jeunes.
   a) L'expression de ce visage a qc de viril, ce qui devrait attirer les femmes.

11

b) Ce jeune homme semble être *dynamique,* ce qui plaît aux jeunes.
c) La vieillesse est devenue en général *experte* en beaucoup de choses, ce qui est exploité par la publicité.
d) Les affiches de cinéma sont souvent *érotiques,* ce qui leur nuit à la longue.
e) Beaucoup de produits apportent qc de *nouveau,* ce qui les rend intéressants.
f) La publicité doit être *efficace,* ce qui est son but essentiel.
g) Souvent les images ont qc de *féminin,* ce qui est exploité par les produits de toilette.
h) Les produits d'alimentation doivent être *frais,* ce qui est exigé par les consommateurs.

5. Voici une série de slogans publicitaires. Essayez de les expliquer, d'éclaircir leur mécanisme psychologique. Employez si possible le vocabulaire des exercices.

a) Avec ALITALIA sortez des sentiers battus.
b) Le Roquefort. Pour rendre vos repas quotidiens un peu moins quotidiens.
c) Camembert Bridel. Vous l'aimez parce que nous aimons vos vaches.
d) Crème Hydradier, la santé de votre beauté.
e) Marmara. Une eau de toilette fraîche qui parle de mer et de soleil.
f) Austin Allegro 7 CV. Pour 16 690 FF vous échappez à la grisaille.
g) Scandinavie. L'Europe naturelle SAS Scandinavian Airlines.
h) Gibbs Sports. Nouvelle ligne masculine. (Eau à raser)
i) L'armée de l'air. Une vie d'homme. (Ministère de l'armée)
k) Votre âge: c'est un secret entre Payot et vous.
l) Fruit d'or, margarine au tournesol. Les bonnes choses viendront toujours des champs.

6. *Rédaction*
Essayez de rédiger un petit texte de publicité qui tienne compte de certaines valeurs, comme p. ex. la virilité, la féminité, la sécurité, la réussite professionnelle, la santé etc.

La publicité «à Rome»

Pour ne pas être attaqué par les Gaulois invincibles et toujours prêts à une bagarre, Saugrenus a inventé un moyen qu'il croit infaillible afin de les occuper et de les corrompre en même temps: ils doivent produire et vendre des menhirs. C'est dans ce but qu'il est nécessaire de créer des besoins chez le consommateur potentiel, les Romains, mais aussi chez les Gaulois qui jusqu'alors n'avaient besoin de rien. L'économie de marché s'installe.

Goscinny/Uderzo. *Obélix et Compagnie*. Neuilly-sur-Seine: Editions Dargaud, 1976, p. 36–37.

Vocabulaire

être familiarisé avec qn: (très) bien connaître qn, avoir bien fait connaissance – *potentiel,le*: ici: éventuel – *cerner*: entourer, ici: indiquer, délimiter – *la cible*: but (que l'on vise et contre lequel on tire) – *le créneau*: ici: moyen publicitaire (litt.: Schießscharte) – *découler*: provenir – *le positionnement* (néologisme): action de placer – *susceptible*: capable – *la prospective*: prévision, prédiction – *incongru,e*: ici: (personne) qui manque de savoir-vivre.

Etude du texte

1. Quels sont les moyens publicitaires auxquels on a recours pour faire acheter des menhirs?
2. Quels sont les mobiles d'achat sur lesquels les stratèges publicitaires peuvent s'appuyer?
3. Commentez la phrase de la Romaine: «Tu sais, nos voisins ...»
4. Quelle est la réaction de César?
5. Corrigez le langage de Saugrenus, s'il y a lieu.
6. Soulignez toutes les expressions ayant un rapport avec la langue pulicitaire. Quelles sont celles qui ont un double sens?
7. Montrez ce qui – dans les images et dans le texte – a un rapport avec l'antiquité/avec le monde moderne.
8. Montrez ce que les images apportent au texte.
9. Essayez de décrire le ton du texte en tenant surtout compte du premier passage.
   A quoi pourrait servir ce texte?

Travaux pratiques

10. *Formation d'adjectifs* (les préfixes et les suffixes)
    Les préfixes in-, im-, il-, ir- désignent souvent le contraire du radical (Stamm) d'un adjectif, p. ex.: croyable – incroyable; im- s'emploie devant m, il- devant l, ir- devant r. Formez le contraire de:

efficace	lisible	....
réfléchi	contrôlable	....
limité	responsable	....
reprochable	conscient	....
pensable	légal	....
certain	prévu	....
attentif	prévisible	....

11. Quelle est la signification des suffixes -able, -ible?
12. Complétez les phrases suivantes par un des adjectifs cités ci-dessus:
    a) Le matraquage exagéré de la publicité est souvent ... parce que le public s'y habitue vite. b) L'écriture trop petite est ... pour le public-cible. c) La publi-

cité loyale et sincère est certainement ... d) Quand même ses effets sont parfois ... e) Les moyens publicitaires font appel aux acheteurs ...
13. Formez des phrases en vous servant des autres adjectifs.

Relations publiques et pressions sur la presse

Les relations entre les organes de presse et les annonceurs ont toujours été empreintes d'ambiguïtés. Il est vrai que les journaux ont besoin de la publicité pour vivre: elle constitue parfois jusqu'à 85% des recettes d'un organe de presse! Il est exact aussi que le prix d'un quotidien ou d'un hebdomadaire, de type classique,
5 sans publicité, atteindrait des sommets inaccessibles à la plupart des bourses, étant données les charges très lourdes qui pèsent sur une entreprise de presse.
Certains annonceurs, et certains publicitaires, par le biais des relations publiques, tentent d'obtenir l'insertion d'articles flatteurs ... ou d'éviter la publication d'articles critiques, en menaçant de supprimer des contrats de publicité.
10 Dans la mesure où les journalistes savent rester insensibles aux plus séduisantes invitations et dans la mesure où un organe de presse a des annonceurs suffisamment nombreux dans des secteurs très variés, ces pressions, il faut le dire, sont moins efficaces qu'on ne pense parfois.

Le Monde. Dossiers et Documents, N° 24, Oct. 1975.

Vocabulaire

empreint,e (empreindre): marqué – *la recette*: ce que l'on gagne – *inaccessible*: ce que l'on ne peut pas atteindre – *la bourse*: porte-monnaie – *le biais*: ici: le moyen.

Etude du texte

1. Quelles sont les difficultés que la presse rencontre vis-à-vis de la publicité?
2. Quels sont les dangers qui peuvent survenir entre les annonceurs et les journalistes?
3. Comment l'auteur les évalue-t-il?

Travaux pratiques

4. *L'emploi de l'infinitif au lieu d'une subordonnée*
   Pour éviter une subordonnée relative ou temporelle, on peut parfois la remplacer par une construction infinitive introduite par «après avoir/être», «avant de» pour marquer le temps, ou par «à» soit après des superlatifs soit pour indiquer une finalité. Voici un modèle:
   Beaucoup de spectateurs qui sont souvent allés au cinéma se contentent ensuite de la télé chez eux.

Après être allés souvent au cinéma beaucoup de spectateurs se contentent de la télé chez eux.
  a. La distraction qui obtient le plus grand succès auprès des Français reste certainement la télévision.
  b. La télévision qui a aussi accepté la publicité est devenue une concurrente des journaux.
  c. Les journaux qui ont perdu beaucoup de publicité et d'abonnés voient leur existence menacée.
  d. Les journaux qui ont baissé leur prix ont dû accepter beaucoup d'annonces publicitaires.
  e. Le danger qui doit être évité, c'est une influence trop grande de l'Etat sur la presse.
  f. Beaucoup de journalistes qui ont d'abord fait partie de la rédaction d'un journal sont allés par la suite à la télé.
  g. Le «Canard Enchaîné» est un des très rares journaux qui n'ont pas inséré de publicité.
  h. Quelques annonceurs qui ont acheté des pages de publicité ne se gênent pas pour essayer d'influencer le contenu du journal.
  i. La presse écrite est le media qui jouit de la plus grosse part du gâteau de la publicité.
5. *Le verbe et son complément*
  Voici une quinzaine de verbes qu'il faut relier aux compléments d'objet direct que vous trouverez ci-dessous.
  a. exercer, attirer, remplir, gérer, diffuser, établir, insérer, déterminer, prendre, infliger, provoquer, poser (entamer), élaborer, transformer, proposer.
  b. L'attention sur qc, le budget d'un journal, une influence énorme sur le public, une fonction, des messages (des informations), des annonces dans un journal, des relations entre, des besoins, une charte, l'évolution sociale, une décision grave, des images au spectateur, une punition légère seulement, des conditions de vie, un problème douloureux, épineux.

La familiarité des grands

... Or, pour la première fois, les messages télévisuels «bombardent» des millions de téléspectateurs sans passer par les cheminements traditionnellement établis que sont la famille, l'école, l'organisation sociale, débordent les frontières ethniques et linguistiques. La Belgique, la Suisse, le Luxembourg écoutent aussi bien leurs
5 postes respectifs que la télévision française, allemande ou italienne. Il se produit un phénomène entièrement nouveau qui bouleverse les structures établies en dégageant ce qu'il faut bien appeler une «énergie culturelle» dont le moins que l'on puisse dire est qu'elle est difficilement contrôlable, encore que contrôles et censures ne manquent pas. La brusque irruption de messages de masse dans les
10 sociétés traditionnellement structurées provoque un éclatement dont on soupçonne à peine les effets.

– Par exemple?
– Naguère Nixon, aujourd'hui Ford, Giscard d'Estaing sont les familiers de nos salons alors que nous ignorons presque tout des gens qui habitent notre immeuble.
15 La notion de voisinage s'est métamorphosée. Est devenu «voisin», devient «familier» non plus ce qui appartient à notre territoire proche, mais ce qui apparaît régulièrement à l'écran.

Roland Jaccard. *Le Monde*. Dossiers et Documents, N° 35, Nov. 1976.

Vocabulaire

le cheminement: la voie, la marche – *ethnique* adj.: d'un peuple – *respectif, ve*: ce qui se rapporte à eux – *un éclatement*: explosion, destruction – *se métamorphoser*: changer tout à fait, se transformer – *un écran*: partie de l'appareil de télévision où l'on voit l'image retransmise.

Etude du texte

1. Expliquez ce que la télévision a apporté de nouveau à notre époque.
2. Décrivez la/les perspective/s que l'auteur de cet article a adoptée/s.
3. Quels sont les moyens stylistiques utilisés dans le dernier passage?

Travaux pratiques

4. *Les propositions causales et adversatives*
   Reliez les phrases suivantes en mettant «comme» (au début de la phrase), «puisque» (pour indiquer une raison qu'on connaît), «parce que» dans le style soigné rarement au début de la phrase) ou «bien que» (+ subj.), «quoique» (+ subj.), selon le sens. Voici un modèle: Les hommes politiques font leur métier loin de nous. On peut les voir souvent.
   Bien que les hommes politiques fassent leur métier loin de nous, on peut les voir souvent.
   a. Nos voisins habitent tout près de chez nous. Nous ne les connaissons pas toujours.
   b. La télé fait irruption dans les familles presque tous les jours. Elle offre quand même de nouvelles possibilités de conversation.
   c. La télévision française est captée aussi dans les pays voisins. Les Belges et les Suisses suivent souvent les émissions françaises.
   d. Les auditeurs préfèrent les feuilletons (Fortsetzungssendungen) et le sport. La radio diffuse des émissions politiques.
   e. Beaucoup de gens font confiance aux spécialistes. Les mass media s'adressent à ceux-ci.
   f. Les femmes sont souvent à l'écoute quand elles font le ménage. Elles sont la cible de la publicité.

g. Le tirage des journaux nécessite un certain temps. Ils réussissent à suivre les événements de très près.
h. Les mass media semblent déterminer l'opinion publique. Beaucoup de groupes veulent leur donner une orientation particulière.
i. Les journaux arrivent à se vendre à un prix relativement bas. Ils insèrent beaucoup de publicité.
k. Une bonne partie des journaux paraît à Paris. Ils sont lus en province.

un entrefilet

La vie sans télévision

Un exemple: la Corse

Faisant contre mauvaise fortune bon cœur, la Corse effectue depuis une semaine le difficile apprentissage de la vie sans télévision. Le mouvement de colère généralisée provoqué par la destruction du relais de Serra di Pigno par un commando séparatiste est loin d'être apaisé mais pour la population il a bien fallu s'adapter à
5 la nouvelle situation.
Une situation qui fait le bonheur des journaux, les ventes des publications ayant augmenté en moyenne de 40 à 50%. Dans ce domaine, les hebdomadaires ont la part belle, à commencer par ceux présentant de nombreuses illustrations, les ventes de l'un de ceux-ci ont triplé.
10 Les cafetiers aussi ne cachent pas leur satisfaction. Leurs salles ne désemplissent pas jusqu'à une heure avancée de la soirée. Le sport aussi profite de l'aubaine. Le match de football Bastia–Reims connut une affluence inhabituelle alors que les insulaires restaient sur trois défaites.
Enfin, les visites entre familles ou entre amis après souper reviennent à l'honneur
15 permettant aux gens de communiquer et d'échanger des idées ...
En revanche, pour les revendeurs de télévision et de radios c'est «la soupe à la grimace». Une certaine panique s'est emparée de la profession qui s'apprête à vivre des lendemains qui déchantent. Mince consolation pour eux, la demande très marquée pour les antennes géantes permettant de capter la télévision italienne qui
20 arrive dans d'excellentes conditions.

La Voix du Nord, 21–8–1977 (texte abrégé).

Vocabulaire

effectuer l'apprentissage: apprendre – *apaiser*: calmer – *un hebdomadaire*: journal qui paraît une fois par semaine; *avoir la part belle*: profiter beaucoup – *tripler*: se multiplier par trois – *une aubaine*: profit inespéré, cas heureux – *une affluence*: augmentation de spectateurs – *s'apprêter*: se préparer à faire qc, se mettre à faire qc – *capter*: ici: pouvoir prendre, pouvoir regarder.

Etude du texte

1. Décrivez l'évolution de la réaction des Corses après la destruction du relais.
2. Qu'est-ce qui change sur le plan humain?
3. Quel est l'effet sur la vie économique de l'île?
4. Essayez d'analyser l'attitude des Corses face à la télé. En quoi pourrait-elle être typique de notre monde?
5. Pourquoi les séparatistes se sont-il attaqués à la TV?
6. Essayez de décrire la fonction de cet article.

Travaux pratiques

7. *Les phrases conditionnelles (introduites par «si»)*
   Transformez d'après le modèle suivant:
   S'il n'y (avoir) ... pas de TV, les stades (être) ... pleins.
   S'il n'y avait pas de TV, les stades seraient pleins.
   a. Si les salles (être) ... pleines, les cafetiers (être) ... contents.
   b. Si les visites entre amis (être) ... reprises, il y (avoir) ... plus de communication.
   c. Si l'on (avoir) ... de très grandes antennes, on (pouvoir) ... capter les émissions des pays voisins.

   Traduisez:
   d. Wenn alle Franzosen einen Fernsehapparat besäßen, gingen weniger Leute in das Kino.
   e. Der Fernsehzuschauer würde vielleicht nicht ins Stadion gehen, wenn er die Übertragung sehen könnte.

   Et maintenant formez des phrases conditionnelles avec les éléments suivants:
   f. On diffuse moins de films à la télé. Plus de gens vont au cinéma.
   g. Les journaux se vendent plus cher ou perdent leur autonomie. Ils ne peuvent plus publier d'annonces publicitaires.
   h. La TV n'a pas offert son écran à la publicité. Celle-ci s'adresse encore plus aux journaux.

   Répondez: Qu'est-ce qui se passerait peut-être
   i. s'il y (avoir) un moyen absolument sûr d'atteindre son but?
   k. si le prix d'un spot publicitaire (dépasser) ... le budget?
   l. si l'annonceur ne (choisir) ... pas bien sa cible?
   m. si la publicité ne (tenir) ... pas compte des préjugés connus?

La télévision française

Jusqu'au 1er janvier 1975 les chaînes de télévision et de radio françaises (à l'exception des radios privées ou semi-privées comme «Europe 1» ou «RTL») étaient regroupées en office public (ORTF). Cette structure concrétisait le monopole que l'Etat français avait acquis dès 1793 sur la transmission des signaux à distance. La radio-télévision française s'est en effet, développée sous le contrôle de l'administration et de l'autorité avant d'acquérir, par distanciation successive, sa personnalité, puis sa gestion propre. Plusieurs étapes fondamentales marquent cette longue marche vers «l'autonomie»:
– en 1959 la RTF devient un établissement public à caractère industriel et commercial, mais sous l'autorité directe du Ministre de l'Information.
– Le 24 juin 1964 la RTF devient ORTF. Le nouvel organisme n'est plus sous la tutelle du Ministre de l'Information. Il est coiffé par un conseil d'administration qui hérite, sous le contrôle du Parlement, de l'essentiel des prérogatives et attributions jusqu'alors exercées par le Ministre.
– En 1974 le Parlement approuve une réforme qui, suggérée par le Président Valéry Giscard d'Estaing, divisa l'office en 7 sociétés de production et de programmes autonomes.
Ce rapide historique illustre bien les possibilités qu'avait le pouvoir politique de déterminer le contenu des programmes, et singulièrement de l'information, à la télévision et à la radio françaises. Cette autorité n'a cependant fait que s'affaiblir depuis 1968 pour devenir pratiquement nulle à l'heure actuelle.
Il est, en effet, devenu exceptionnel d'entendre un homme politique de l'opposition se plaindre d'une télévision «muselée» ou «aux ordres». La Radiodiffusion française s'est donc engagée dans un processus d'émancipation envers le pouvoir politique, pour s'orienter vers une télévision de professionnels responsables et honnêtes, sinon objectifs, à l'égard des téléspectateurs.
C'est ainsi que, depuis janvier 1975, les 3 programmes de télévision se livrent, en matière d'information et de programmes, à une concurrence qui exclut pratiquement toute forme de censures et de manipulations patentes.
C'est en fonction des sondages d'écoute mais aussi d'une note de qualité (naturellement souvent contestée depuis deux ans) que la redevance, payée par les téléspectateurs, est distribuée aux Sociétés de programme et de production.
C'est dire si, malgré des dépendances financières et des contrôles administratifs et parlementaires de gestion, ces sociétés ont acquis une assez large indépendance.
Cette autonomie n'exclut cependant ni les influences ni même les pressions extérieures. La différence par rapport au passé est que ces pressions ne sont plus unilatérales. Elles proviennent aussi bien de la majorité au pouvoir que de l'opposition et autant des organisations patronales que syndicales.
La rumeur publique colporte que la première chaîne (TF 1) serait plutôt «officielle», «traditionnelle» et «gouvernementale», par contraste avec une deuxième chaîne (Antenne 2) plus «intellectuelle», plus «créative» et «contestataire». La troisième chaîne (FR 3) s'est quant à elle spécialisée dans la promotion des régions

françaises, du cinéma et de la «libre parole», sous forme de tribunes ouvertes à tous les courants sociologiques et politiques. On la juge comme étant sérieuse mais
45 un peu austère.
Sans être totalement infondées ces impressions n'en sont pas moins très subjectives. Comme d'ailleurs toutes celles qui nous arrivent de cette «étrange lucarne» qu'est devenue la télévision dans nos salons.

Michel Meyer (Correspondant d'A 2 à Bonn).

Vocabulaire

la distanciation: action de prendre ses distances – *la gestion*: administration, direction – *la tutelle*: protection, direction – *coiffer*: ici: présider à qc; exercer son autorité sur qc – *la prérogative*: avantage, privilège, pouvoir – *museler*: interdire de parler (*la muselière* – Maulkorb) – *à l'égard de qn*: pour ce qui concerne qn; envers qn – *la redevance*: contribution, somme, impôt – *la rumeur*: bruit, nouvelles qui se répandent dans le public – *colporter*: répandre, divulguer – *la promotion*: ici: développement – *infondé,e*: non justifié – *la lucarne*: petite fenêtre (dans le toit).

Etude du texte

1. Qu'est-ce que la réforme de 1974 a créé de nouveau par rapport à la situation précédente?
2. Envers qui la télé est-elle responsable, d'après l'auteur?
3. Quel est le principe qui devrait influencer surtout les 3 programmes?
4. Qui finance la télévision?
5. Quel pourrait être le public des différentes chaînes?
6. Si vous deviez travailler à la TV française, quelle chaîne préféreriez-vous? Pourquoi?

Film et télévision

Si 60% des Français en moyenne sont rassasiés de films par la télé et en oublient d'aimer le cinéma, il y a quand même une catégorie à qui la cinéphagie à domicile donne cependant envie d'aller aussi dans les salles. Devinez ... Oui, les 15–24 ans, à 55% (moyenne nationale 36%).
5 Intéressant, également, de prendre conscience à quel point la façon de regarder la télévision est liée à la vie professionnelle et personnelle. Qui dévore le plus grand nombre de films? Les ouvriers non qualifiés (90% d'entre eux regardent un ou plus d'un film, par semaine) ... N'est-ce pas là leur seul moyen d'évasion? En revanche, 38% seulement des industriels ou des cadres supérieurs voient plus d'un film par
10 semaine, et 24% d'entre eux ne regardent tout simplement pas la télévision.
Cette télévision, qui reste la distraction préférée des Français, 76% d'entre eux en moyenne la considèrent comme la plus intéressante. Surtout les artisans, les

commerçants et les agriculteurs (87%). Mais la musique, celle que l'on écoute chez soi, talonne la télé. C'est une surprise: 72% des personnes interrogées la jugent très intéressante, avec, évidemment, une importante modulation selon le niveau culturel. Ceux qui ont suivi des études supérieures trouvent la musique très intéressante à 90% (et la télévision seulement à 66%). Chez ceux qui n'ont atteint qu'un niveau primaire, ces chiffres sont inversés: télé très intéressante à 83%, musique à 63%. Que pensent de tout cela les responsables des sociétés de programmes de la télévision française? Se sentent-ils responsables?

M. Cl. Contamine, directeur de FR 3, «la chaîne du cinéma» dit: «Le public est visiblement satisfait de la situation actuelle ... Si nous lui offrions moins de films, il trouverait d'autres raisons pour ne pas sortir: éloignement des salles, places trop chères, enfants à garder, etc. La télévision n'est pas coupable de tous les maux qui accablent l'industrie cinématographique. Je ne dis pas que si FR 3 diffusait moins de films, la fréquentation dans les salles n'augmenterait pas ...»

M. J. L. Guillaud, directeur de TF 1, ne se montre pas, pour sa part, «bouleversé» par les chiffres du sondage. Il trouve même «relativement optimiste que 36% des personnes interrogées aient encore envie de sortir de chez elle pour voir un film, alors qu'on leur en propose cinq cents par an à la télévision.» Il précise aussi que, dans ce domaine, le téléspectateur devient sélectif. Et que, enfin, la télévision n'est pas l'ennemie du cinéma, mais souvent son alliée. Ne lui sert-elle pas d'instrument de promotion en lui consacrant (sur les trois chaînes) des émissions d'information?

Quant à M. M. Jullian, il déclare: «Au moment où comédiens, réalisateurs et auteurs se posent douloureusement et passionnément le problème de la création télévisuelle, comment ne pas constater la force persuasive du film, qui bénéficie de chances supérieures à celles des dramatiques et des séries? Dans la plupart des cas, on y a consacré un budget nettement supérieur. Il a bénéficié de vedettes internationales, et, enfin, d'une publicité et d'une promotion incomparables. Tout cela conduit une fois de plus à la nécessité d'élaborer une charte de l'audio-visuel qui permette de normaliser les rapports entre les différentes activités et protège la TV de son propre succès.»

Danièle Heyman. L'Express, 27-12-1976 (extrait).

Vocabulaire

être rassasié,e: ne plus avoir faim – *la cinéphagie*: action de dévorer des films – *le cadre*: employé d'un rang supérieur; chargé de fonctions de direction – *talonner*: suivre de près – *la modulation*: variation, changement – *accabler*: ici: écraser (sens fig.) – *sélectif,ve*: qui sait choisir – *la promotion*: action d'élever qn à un rang supérieur – *bénéficier*: profiter.

Etude du texte

1. Dans quelle mesure la télévision est-elle la rivale du cinéma?
2. En quoi se distingue le comportement des groupes sociaux devant le cinéma et la télévision?

3. Qu'est-ce qui influence l'attitude qu'on a face à la musique?
4. Comparez les prises de position des trois directeurs de télévision. Montrez les points communs et les divergences.
5. Comment parle-t-on du film? Essayez de voir les associations, les connotations concernant le film.
6. Quels sont les points de vue qui sont complètement négligés?

Travaux pratiques

7. Reliez les éléments en vous servant *du gérondif*. Voici un modèle:
   La télé contribue à une meilleure entente entre les peuples. Elle atténue les préjugés nationaux.
   En atténuant les préjugés nationaux, la télé contribue à une meilleure entente entre les peuples.
   (Dans les phrases ayant un sens adversatif, on met souvent «tout» devant le gérondif.)
   a. Beaucoup de gens ne vont plus au cinéma. Ils préfèrent la distraction à domicile.
   b. La télévision tient compte du goût des téléspectateurs. Elle insère beaucoup de films dans son programme.
   c. La TV menace l'existence de maints journaux. Elle accepte la publicité à l'écran.
   d. Les téléspectateurs se laissent aller à la passivité. Ils dévorent beaucoup de films policiers.
   e. La télévision ne satisfait pas les désirs d'un public cultivé. Elle montre beaucoup de films.
   f. La TV ne devrait pas être la voix du gouvernement. Elle est un service de l'Etat.
   g. Nous vivons dans une période de transformation rapide. Nous avons souvent besoin d'explications.
   h. La télévision ne tient pas compte de l'âge de ses spectateurs. Elle dissimule les difficultés et les crises.
   i. Beaucoup de téléspectateurs oublient la grisaille de tous les jours. Ils regardent la télé.
8. Transformez les phrases obtenues en remplaçant le gérondif par une conjonction (comme, quand, puisque, bien que p. ex.). Voici un modèle:
   Quand la télé atténue les préjugés nationaux elle contribue à une meilleure entente entre les peuples.
9. Soulignez dans cet article et l'article précédent les expressions ayant un rapport avec la télévision.
10. *Rédaction:*
    Rédigez une lettre d'un téléspectateur à un rédacteur en chef. Vous ferez l'éloge d'une émission et vous en critiquerez une autre.

L'Etat et l'indépendance des sociétés nationales de programmes

Introduction

Le Président de la République Valéry Giscard d'Estaing a adressé la lettre suivante aux P.-D. G. des trois chaînes de télévision et de Radio-France.

Texte

(...) Je souhaite vous dire dans quel esprit doivent s'établir vos relations avec les pouvoirs publics.
La responsabilité qui vous est confiée est pleine et entière. Elle s'exerce dans le cadre de la loi du 7 août 1974 qui définit vos attributions et celles de votre conseil
5 d'administration. Aucune tutelle particulière, aucune intervention extérieure ne doit la limiter, ni l'altérer.
Les pouvoirs publics n'entendent pas gérer votre société par votre intermédiaire. Ils vous en délèguent entièrement le rôle jusqu'à l'expiration de votre mandat. C'est pourquoi ils doivent établir leurs rapports avec votre société comme ils le font
10 avec les autres moyens indépendants de presse ou d'information. C'est-à-dire en s'entretenant périodiquement avec vous-même, à leur initiative ou à la vôtre, des problèmes les plus importants (...), mais sans jamais intervenir dans vos responsabilités de gestion et d'information. Si vous constatiez un manquement à ce principe, que je considère comme fondamental, je vous demande de m'en rendre
15 compte personellement.
Puis-je exprimer un vœu? Nous vivons dans une période tendue, en raison du poids que fait peser, sur une seule génération de femmes et d'hommes, la transformation rapide des conditions de vie, des mœurs et de l'équilibre du monde. S'il n'est pas question de dissimuler, ni la gravité ni la nécessité des changements en cours, peut-
20 être est-il possible de les rendre mieux supportables par l'apport d'autres images et d'autres perspectives. De même que l'art a toujours rempli une double fonction de recherche et de délivrance de même l'immense moyen de formation, d'information et de distraction que vous allez gérer, peut-il offrir, à côté de la rencontre indispensable du réel, beaucoup d'imagination et un peu de délivrance (...).

Le Figaro, 18–1–1975.

Vocabulaire

une attribution: compétence, droit, pouvoir – *la tutelle*: direction, contrainte, protection – *altérer*: changer, modifier – *intermédiaire* adj.: ce qui se trouve entre deux autres choses – *une expiration*: fin; *la gestion*: administration – *dissimuler*: cacher – *la délivrance*: libération, soulagement.

Etude du texte et travaux pratiques

1. Quelle est la fonction des P.-D. G. auxquels Valéry Giscard d'Estaing s'adresse?
2. Quelle est l'idée principale de cette lettre?
3. Montrez comment les responsabilités sont réparties au sein des sociétés mentionnées dans l'article.
4. Quelles sont les fonctions de la TV selon cette lettre? Sur quelle fonction Giscard d'Estaing met-il l'accent?
5. Cherchez quelques formules typiques de cette lettre.
6. Comment Giscard d'Estaing essaie-t-il de séparer l'essentiel du secondaire?
7. Dans quel but (d'après vous) Giscard d'Estaing a-t-il écrit cette lettre?
8. Rédigez une lettre dans laquelle vous répondez (en tant que P.-D. G.) au Président de la République.

Sujets de discussion

9. a) L'information doit-elle être complète et objective même si le contenu est difficile à supporter pour un grand nombre de téléspectateurs? (Chute d'un satellite etc.)
   b) Discutez les aspects positifs et négatifs du divertissement offert par la télévision.
   c) Dans quelle mesure l'Etat devrait-il organiser, voire contrôler la télévision? La TV privée est-elle préférable? Pourquoi/pourquoi pas?
   d) Dans quelle mesure les partis politiques devraient-ils influencer le programme de la TV?

L'ère de la communication mondiale

Ouvrir un journal, feuilleter un magazine, tourner le bouton de la radio ou de la télévision: autant de gestes familiers qui nous sont devenus presque aussi nécessaires que l'air à nos poumons et la nourriture à nos corps. La presse est, en effet, un besoin vital pour les sociétés étendues et complexes auxquelles nous
5 appartenons désormais; dans la mesure où ces sociétés s'étendront et se compliqueront encore, sa place ne saurait que s'y développer.
En 1824, les douze quotidiens paraissant à Paris n'avaient pas, à eux tous, soixante mille abonnés. Actuellement, pour le même nombre de journaux parisiens, il y a plus de quatre millions d'acheteurs. Chaque année il paraît en France quelque sept
10 milliards de périodiques de toute nature. Encore n'est-ce plus, maintenant, qu'une fraction de la presse. Vingt-quatre heures sur vingt-quatre ou peu s'en faut, et dans chaque foyer, un ou plusieurs récepteurs captent la rumeur et le reflet de l'Univers.

A chaque instant nous voulons savoir «ce qui s'est passé.» Ce n'est pas seulement une nécessité pratique mais un appel impérieux de notre esprit, qui ne peut exister hors du temps si séparé des hommes.
De plus en plus, nous assistons même à ce qui se passe. Le décalage est infime, parfois nul, entre un fait et son image devant nos yeux ou son écho à nos oreilles. Le 5 mai 1821 Napoléon mourait sur son île: les Français durent attendre le mois de juillet pour connaître cette nouvelle. Et, de par le monde, innombrables étaient ceux qu'elle n'intéressait en rien, car ils ignoraient que Napoléon eût existé. A présent une dépêche fait le tour de la planète en deux minutes. Il n'est pour ainsi dire personne qui ne connaisse au moins le nom des plus puissants chefs d'Etat ou celui de bien d'autres vedettes de moindre rang; et la rencontre de deux roitelets dans quelque lieu reculé fait aussitôt crépiter des milliers de téléscripteurs et s'agiter des millions d'hommes. Ce n'est qu'un début. Où qu'il se soit déroulé, nous sommes – ou allons être bientôt – en mesure de participer sur-le-champ à n'importe quel événement. Rien de ce qui est humain ne nous sera plus étranger.
On peut dater, symboliquement, du 21 janvier 1930 le commencement de l'ère de la communication mondiale: ce jour-là, en effet, un discours du roi d'Angleterre fut retransmis simultanément à 242 stations de radio-diffusion, dont plus de la moitié était située hors d'Europe. En 1962, une nouvelle étape, non moins décisive, était franchie quand le premier satellite-relais a pu transmettre par-dessus l'Atlantique des images reçues en Europe et acheminées par le réseau «Eurovision», au moment même où elles étaient émises: ainsi deux cents millions d'êtres humains qui ne s'étaient jamais vus, et qui pour la plupart ne se connaîtront jamais, ont-ils pu participer simultanément au même spectacle et communier dans une même émotion. Depuis, d'autres satellites ont renouvelé, amplifié et rendu presque banal cet exploit. Et pourtant nous n'en sommes encore qu'à la phase expérimentale. Dans un très proche avenir de multiples liaisons seront réalisées presque en permanence et elles s'étendront effectivement à l'ensemble de la planète. Les développements de la communication mondiale ont complètement changé l'aspect du monde en transformant notre manière de le voir. L'homme contemporain échappe aux limites que peuvent explorer ses sens. Il n'est plus ici, ou là, mais partout à la fois dans l'espace et, déjà en partie dans le temps.
La presse – nous lui garderons son nom traditionnel même quand elle a brisé les servitudes de l'imprimé – est l'instrument essentiel qui a opéré cette mutation. Etablissant, par-dessus les frontières et les océans, le réseau d'une conversation ininterrompue et indéfinie, elle fait connaître à chacun ce qu'il désire ou doit savoir, et beaucoup plus encore. Inversement, elle est capable de faire retentir jusqu'aux extrémités de l'univers la voix du plus faible et du plus ignoré. Elle ne crée rien, sans doute, mais c'est elle qui met tout en mouvement. Sans elle le Pouvoir serait sans force, l'Economie s'enrayerait, l'Opinion s'affolerait. Les individus seraient privés d'impulsion et de cohésion. Le tumulte s'apaiserait mais la civilisation, telle du moins qu'elle est devenue, disparaîtrait en même temps.
Bernard Voyenne. *La presse dans la société contemporaine.* Paris: A. Colin, 1969, p. 5.

Vocabulaire

désormais: à partir de maintenant, dès lors – *le périodique*: un journal paraissant périodiquement, p. ex. chaque semaine – *la fraction*: une partie – *peu s'en faut*: presque, à peu près – *capter*: recevoir – *impérieux,se*: qui donne des ordres, qui domine – *le décalage*: différence, écart temporel ou spatial – *infime* adj.: très petit – *le délai*: un laps de temps – *la vedette*: personnage très connu du cinéma, de la télé, de la politique – *le roitelet*: (Zaunkönig); ici: un roi de très peu d'importance – *crépiter*: le bruit que fait le feu; ici: le bruit d'une machine à écrire ou d'un téléscripteur – *simultanément*: en même temps – *acheminer*: transporter, conduire, envoyer – *le réseau*: (Netz) – *amplifier*: agrandir, améliorer – *un exploit*: une action remarquable – *s'enrayer*: cesser de fonctionner – *s'affoler*: réagir comme un fou, s'effrayer.

Etude du texte

1. Essayez de trouver un sous-titre pour chaque paragraphe.
2. Expliquez la phrase: «La rencontre de deux roitelets dans quelque lieu reculé fait aussitôt crépiter des milliers de téléscripteurs.»
3. Montrez en quoi la manière de voir le monde a changé depuis la création des mass media.
4. Essayez de montrer le type de civilisation qui a été formé par les mass media – d'après l'auteur.
5. Pourquoi l'auteur écrit-il «Pouvoir», «Economie» et «Opinion» avec majuscule?
6. Essayez de décrire le style de l'auteur (tenez compte de la longueur des phrases, de la parataxe-hypotaxe (coordination-subordination), du rythme, du choix du vocabulaire etc.)
7. Quel pourrait être le but de l'auteur? A quel public s'adresse-t-il? Quelle est sa position face à la presse?
8. Est-ce qu'il y a des éléments dont l'auteur ne parle pas et qui vous paraissent importants?

Travaux pratiques

9. Soulignez dans le texte toutes les expressions se rapportant à la presse.
10. Faites un commentaire en tenant compte de la familiarité de la presse pour nous, de l'expansion de la presse il y a 150 ans et aujourd'hui, de l'amélioration technique; de l'effet sur notre façon de voir le monde et sur le caractère de notre civilisation; de l'argumentation de l'auteur, de son style et de ses buts.

Discussion

11. «Rien de ce qui est humain nous sera plus étranger.» Que pensez-vous de cette phrase? N'est-elle pas un peu superficielle?

Maigret et la presse

Le regard de Maigret passa à la porte qui s'ouvrait, au marchand de journaux qui entrait en coup de vent et enfin à une manchette en caractères gras qu'on pouvait lire de loin: «La peur règne à Concarneau.» Des sous-titres disaient ensuite: «Un drame chaque jour». «Disparition de notre collaborateur Jean Servières.» «Des taches de sang dans sa voiture.» «A qui le tour?».
Maigret retint par la manche le gamin aux journaux.
«Tu en as vendu beaucoup?»
– Dix fois plus que les autres jours. Nous sommes trois à courir depuis la gare ...»
Le gosse reprit sa course le long du quai en criant:
«Le Phare de Brest ... Numéro sensationnel ...»
Maigret commença à lire: «Notre excellent collaborateur Jean Servières a raconté ici même les événements dont Concarneau a été récemment le théâtre. C'était vendredi. Un honorable négociant de la ville, M. Mostaguen, sortait de l'hôtel de l'Amiral, s'arrêtait sur un seuil pour allumer un cigare et recevait dans le ventre une balle tirée à travers la boîte aux lettres de la maison, une maison inhabitée. Samedi, le commissaire Maigret arrivait sur les lieux, ce qui n'empêchait pas un nouveau drame de se produire.
Le soir, en effet, un coup de téléphone nous annonçait qu'au moment de prendre l'apéritif trois notables de la ville à qui s'étaient joints les enquêteurs, s'apercevaient que le Pernod qui leur était servi contenait une forte dose de strychnine.
Or, ce dimanche matin, l'auto de Jean Servières a été retrouvée près de la rivière Saint-Jacques sans son propriétaire qui, depuis samedi soir, n'a pas été vu. Le siège avant est maculé de sang. Une glace est brisée et tout laisse supposer qu'il y a eu lutte.
Trois jours, trois drames! On conçoit que la terreur commence à régner à Concarneau dont les habitants se demandent avec angoisse qui sera la nouvelle victime.
Le trouble est particulièrement jeté dans la population par la mystérieuse présence d'un chien jaune que nul ne connaît, qui semble n'avoir pas de maître et que l'on rencontre à chaque nouveau malheur. Ce chien n'a-t-il pas déjà conduit la police vers une piste sérieuse? Et ne recherche-t-on pas un individu qui n'a pas été identifié mais qui a laissé à divers endroits des traces curieuses, celles de pieds beaucoup plus grands que la moyenne?
Un fou? ... Un rôdeur? ... Est-il l'auteur de tous ces méfaits? ... A qui va-t-il s'attaquer ce soir? ... Sans doute rencontrera-t-il à qui parler, car les habitants effrayés prendront la précaution de s'armer et de tirer sur lui à la moindre alerte.
En attendant, ce dimanche, la ville est comme morte et l'atmosphère rappelle les villes du Nord quand, pendant la guerre, on annonçait un bombardement aérien.»
Maigret regarda à travers les vitres. Des gens revenaient de la messe. Presque tous avaient *Le Phare de Brest* à la main. Et tous les visages se tournaient vers l'hôtel de l'Amiral tandis que maints passants pressaient le pas.

La sonnerie du téléphone résonna à nouveau. On entend la fille de salle qui répondait:
45 «Je ne sais pas, monsieur ... Je ne suis pas au courant ... Voulez-vous que j'appelle le commissaire? ... Allô! ... On a coupé ... Qu'est-ce que c'est? grogna Maigret.
– Un journal de Paris, je crois ... On demande s'il y a de nouvelles victimes ... On a retenu une chambre ...
– Appelez-moi *Le Phare de Brest* à l'appareil.»
50 En attendant, il marcha de long en large, sans jeter un coup d'œil aux notables tout près de lui.
«Allô ... *Le Phare de Brest?* ... Commissaire Maigret ... Le directeur, s'il vous plaît! ... Allô ... C'est lui? ... Bon! Voulez-vous me dire à quelle heure votre canard est sorti de presse ce matin? ... Hein? ... Neuf heures et demie? ... Et qui a
55 rédigé l'article au sujet des drames de Concarneau? ... Ah! non! pas d'histoires, hein! Vous dites? Vous avez reçu cet article sous enveloppe? ... Pas de signature? ... Et vous publiez ainsi n'importe quelle information anonyme qui vous parvient? ... Je vous salue! ...»
G. Simenon. *Le chien jaune*. Paris: Presses Pocket, 1976, p. 43–47 (texte abrégé).

Vocabulaire

en coup de vent: très vite – *la manchette*: ici: ligne très grande et bien visible d'un journal (pour attirer les acheteurs) – *la caractère*: ici: lettre d'un journal, d'un texte – *le gamin*: garçon, gosse – *enquêteur*: personne qui mène une enquête (enquête: action de réunir des informations) – *maculer*: rendre sale, tacher – *le rôdeur*: vagabond – *la précaution*: prudence, attention – *une alerte*: alarme – *presser le pas*: aller plus vite – *grogner*: faire entendre son mécontentement – *le canard*: ici: journal.

Etude du texte

1. Quelles sont les différentes parties de ce texte? Essayez de donner des titres à chaque partie.
2. Dites comment ce journal est composé. Dans quelles intentions a-t-on choisi une telle composition?
3. Pourquoi l'article du journal se termine-t-il par une série de questions?
4. Quel est le but des coups de téléphone auxquels répond la fille de salle?
5. Racontez le contenu de la conversation téléphonique menée par Maigret.
6. Décrivez le langage qu'utilise Maigret pendant ce coup de téléphone.
7. Relevez les termes caractéristiques de ce genre d'articles.
8. Dans quelle catégorie de presse peut-on classer *Le Phare de Brest*? Où trouve-t-on normalement les faits divers?
9. Essayez de décrire l'attitude de Maigret envers la presse.
10. Quels sont les éléments caractéristiques d'un roman policier qui sont contenus dans ce texte?
11. Sous quelle perspective cette histoire est-elle décrite?

Discussion

12. Comment pourrait-on résoudre un conflit entre la demande/obligation d'informer et les nécessités d'une enquête?
    Dans quelle mesure le domaine privé devrait-il être protégé contre la «curiosité» des journalistes?
13. Dans quelle mesure une petite ville de province ressent-elle – d'après vous – la nécessité d'avoir une presse qui tient compte des besoins «sentimentaux» des citadins (curiosité, défoulement, compensation de la vie en province; différences entre la France et l'Allemagne)?
14. Pensez-vous que Simenon ait imité avec fidélité le ton et le style du langage de la presse?

Possibilités et techniques de la persuasion

Lorsqu'on veut préciser les moyens d'agir sur la masse par les media, on est conduit à distinguer trois cas différents: le renforcement d'une opinion existante; la création d'une opinion nouvelle (sans rapport avec celles qui existaient précédemment); la conversion (changement d'opinion, abandon d'une opinion pour
5 une autre qui est différente ou même qui lui est opposée).
Il est clair que le cas du renforcement est celui qu'on observe le plus fréquemment dans les faits, puisqu'en somme l'opinion tend d'elle-même à se consolider. C'est d'ailleurs ce qui explique la genèse des stéréotypes populaires, des préjugés collectifs. De très nombreuses expériences ont permis d'établir que les mass-media
10 étaient efficaces en tant que moyens d'agir sur le public surtout quand elles venaient corroborer les opinions déjà existantes ...
Les psycho-sociologues expliquent la prédominance des effets de renforcement par trois processus qui se combinent: l'exposition sélective, la perception sélective, la rétention sélective. En d'autres termes, si les mass media ont pour effet principal
15 de confirmer la masse dans ses opinions préalables, c'est parce que leur public a une propension naturelle à chercher ses informations là où il a des chances de trouver celles qui vont dans le sens de ses idées et croyances; c'est aussi parce qu'il n'ouvre ses yeux et ses oreilles qu'à ce qui oublie vite les choses qui ne s'intègrent pas bien dans son système de convictions et retient au contraire ce qui lui con-
20 vient ...
Ainsi, une propagande maladroite qui s'attaque de front aux opinions admises se retourne contre ses auteurs comme l'arme australienne appelée boomerang qui retourne vers celui qui l'a lancée ... La mémoire sélective, dont on a déjà vu les effets dans la propagation des rumeurs, vient aggraver encore la force d'inertie que
25 la «masse» oppose à toutes opinions nouvelles par la sélection dans la sélection, la perception et l'attention. De nombreuses expériences peuvent ici encore être citées. P.ex. Levine et Murphy ont présenté un texte de propagande communiste et un texte de propagande anticommuniste à un groupe d'étudiants communistes et à un groupe d'étudiants anticommunistes. A intervalles réguliers d'une semaine, on

put vérifier que chacun de ces groupes retenait mieux le texte qui allait dans le sens de ses opinions, et que l'écart entre les deux groupes, sur ce point, allait en s'accentuant avec le temps ... Pour agir sur l'opinion publique, il est plus facile de créer des attitudes entièrement nouvelles, ou de présenter le message comme concernant des problèmes nouveaux, sur lesquels personne n'a encore d'opinion bien établie que de heurter les convictions de front en prétendant leur substituer des prises de position diamétralement opposées. La meilleure argumentation risque d'être inutile si dès l'abord, elle est présentée comme étant en contradiction avec les idées déjà admises. Inversement, cette même argumentation aura quelque chance de se faire entendre si elle est présentée par un homme assez habile pour avoir l'air de vouloir confirmer l'opinion que précisément il veut remplacer par une autre...

Jean Cazeneuve. *Les Pouvoirs de la Télévision*. Paris: Gallimard, 1970, p. 169.

Vocabulaire

consolider: renforcer, stabiliser, implanter – *la genèse*: ensemble d'éléments qui ont contribué à produire qc – *corroborer*: appuyer, renforcer la perception – *la rétention*: ici: souvenir de qc – *la propension*: tendance naturelle – *préalable* adj.: ce qui précède – *la propagation*: le fait de s'étendre; *force d'inertie* n.f.: résistance passive – *heurter qn*: ici: dire à qn qc qui ne lui plaît pas.

Etude du texte

1. Expliquez les moyens de persuasion mentionnés par l'auteur.
2. Comment les stéréotypes se forment-ils?
3. Que signifient les termes exposition sélective, perception sélective, rétention sélective? Essayez de les expliquer par vos propres mots (en restant dans le contexte).
4. Par quel procédé obtient-on un résultat opposé à celui désiré?
5. Quelle devrait être, d'après l'auteur, la stratégie qui assure un succès?
6. Quel est le ton de cet article? Tenez compte de la construction, du rythme, de la longueur des phrases et du niveau du vocabulaire.

Travaux pratiques

7. Soulignez les termes ayant un rapport avec la persuasion.
8. Comparez le style de cet article avec celui du *Phare de Brest* en tenant compte:
   de la construction des phrases
   du contenu
   de la position de l'auteur
   des buts poursuivis
9. Esquissez la stratégie d'une campagne visant à instaurer qc d'absurde (voir les préjugés collectifs) p.ex. renoncement à la médecine, institution du droit du plus fort.

Discussion

10. Vous avez appris à connaître plusieurs façons d'influencer les gens. Que devrait-on faire pour protéger la population contre les manipulations? Connaissez-vous encore d'autres mécanismes provoqués par d'autres phénomènes psychologiques ou sociologiques?
11. N'arrive-t-il pas souvent que des auteurs écrivent qc de choquant pour démolir des opinions existantes? Essayez de trouver des exemples. Qu'est-ce que vous en pensez?

Un samedi

Durant des années, l'excapitaine Auguste Montier présida chaque repas en bout de table. Il racontait des légendes qui parlaient de baleines géantes. D'autres histoires contaient de lointaines rixes pour un baril de rhum. Elles chantaient aussi des côtes espérées pendant des semaines.

A la longue, la famille connut par cœur chacune de ces légendes. Le grand-père vint à fatiguer l'auditoire. Il parlait de plus en plus et travaillait de moins en moins. On l'envoya raconter ses histoires à l'asile. Le grand-père en bout de table fut remplacé par la télé. C'était plus varié et moins onéreux.

Un samedi soir, Marcel se rendit sur la plage. Le dimanche arrivait. Il s'annonçait bien triste, bien long. La télévision était en panne. Son père avait brisé le bouton de réglage en voulant changer de chaîne avec trop d'énergie. Il s'en était suivi une petite altercation qui avait chagriné Marcel au point de le faire partir en claquant la porte. Comme pour se racheter, il était passé chez tous les réparateurs du Touquet afin d'éviter un dimanche morose à sa famille. Hélas! aucun ne pouvait se déplacer avant lundi.

Pour noyer le cafard, Marcel partit s'asseoir dans les dunes, en se bourrant de pop-corn. Malgré une petit brise, il faisait assez bon en cette fin d'après-midi. Assez chaud pour s'asseoir, assez frais pour ne pas s'allonger. Une soirée de juin normale pour le Pas-de-Calais.

Marcel sortit de sa poche un livre qui le captivait: «Les dernières paroles de Luis Mariano». Il oublia ses tracas. Un moment la terre tourna sans lui.

Quelques heures plus tard il rentra à la maison. Le père avait bricolé la télé, et, dans la cuisine, il était en train de préparer un lapin, sa spécialité. La mère regardait la télévision. C'était l'émission «Tiens! si on se cultivait?» Mme Grandmont gagnait 6 000 F en troisième semaine. Du tac au tac, elle venait de répondre que Düppel avait été prise par les Prussiens en 1864. Le meneur de jeu venait de lire son papier: C'était exact. La question finale arrivait, pour 12 000 F. Terry Town demanda à Mme Grandmont: Quel fut l'objet des travaux de Ludwig Boltzmann, célèbre physicien tchèque? Le front de Mme Grandmont se barra d'un pli de gêne. La France frissonna. Mme Grandmont sourit paisiblement, puis dit à Terry Town: «Vous voulez dire autrichien?»

Terry Town regarda son papier: «Oui ... enfin je ne sais pas, mon papier est si byllin qu'il ne fait allusion qu'à Vienne. Disons que c'est quasiment mitoyen.»

Sereine, Mme Grandmont fixa la caméra. Le pays la regardait. Elle représentait la revanche des charcutières sur un enseignement répressif destiné aux classes aisées. D'une voix calme Mme Grandmont dit à Terry Town: «Ludwig Boltzmann, 1844–1906, est l'auteur de travaux sur la théorie cinétique des gaz.» Mme Grandmont gagnait ses 12 000 F. La France respirait. Après quoi, un emmerdeur vint faire chier le monde avec des histoires de famine le samedi soir à l'heure de la soupe. La mère de Marcel éteignit la télé.

– Mon petit Marcel, il faut que tu mettes vite la table. Papa n'aime pas que ça brûle.

Alec Medieff. Tout nu. Paris: A. Michel, 1976, p. 10.

Vocabulaire

la légende: récit, histoire (défigurée) – *la baleine*: (Wal) – *géant,e*: qui est extrêmement grand – *la rixe*: querelle – *le baril*: petit tonneau – *onéreux,se*: coûteux – *le réglage*: mécanisme qui sert à régler un appareil de télévision – *une altercation*: querelle, dispute – *morose* adj.: triste, sombre – *le cafard*: idées noires – *se bourrer de qc*: en manger beaucoup – *le tracas*: ennui, inconvénient – *bricoler*: ici: réparer (sans formation professionnelle) – *du tac au tac*: (en répondant) immédiatement, tout de suite – *se barrer d'un pli*: se plisser (sich runzeln) – *si byllin*: déformation de sibyllin: mystérieux – *mitoyen,ne*: au milieu – *aisé,e*: riche – *cinétique*: (scient.): concernant le mouvement – *emmerdeur,se* (vulg.): quelqu'un qui dérange énormément – *faire chier* (très vulg.): ici: ennuyer à l'extrême – *la famine*: période au cours de laquelle la population meurt de faim.

Etude du texte

1. Dites en peu de mots quel est le sujet général de ce texte.
2. Donnez des sous-titres aux divers passages.
3. Expliquez la phrase: «La terre tourna sans lui.»
4. Expliquez le titre de l'émission télévisée. Quel est le principe du jeu à la télé?
5. Quel est le sens des deux phrases: «Après quoi […] éteignit la télévision.» A quoi servent les deux expressions vulgaires?
6. Caractérisez les deux premiers passages. Comment l'écrivain a-t-il réussi à obtenir cet effet bien particulier?
7. Caractérisez la famille (le père, Marcel, la mère).
8. Comparez le comportement du speaker et le titre de l'émission télévisée.
9. Comment le public est-il décrit?
10. Décrivez le rôle de la télé dans ce texte. A quoi sert-elle pour l'auteur?
11. Quelle est la position de l'auteur? A quoi sert ce texte? Comment l'auteur essaie-t-il d'atteindre son but?
12. Dans une lettre adressée aux trois P. D. G. des chaînes de télévision nationale, le président de la République Française formulait un certain nombre de conseils et de souhaits. Comparez-les aux idées contenues dans ce texte.

Travaux pratiques

13. Faites un commentaire en tenant compte des points suivants: a) l'action; b) la position des personnages principaux; c) le rôle de la télévision; d) la perspective du narrateur; e) les moyens de style (et leur effet); f) les buts de l'auteur.

Discussion

14. Quel est le rôle de la télévision aujourd'hui? Montrez ses performances, ses chances et ses dangers par rapport à son public.

Le coq et le cinéma

Un coq de Bresse ou de Bourgogne
ou de Gascogne
ou même peut-être breton
qui s'ennuyait dans son canton,
5   voulait aller jusqu'à la ville
chanter Le Barbier de Séville
à l'Opéra.
— Je suis sûr qu'on m'engagera,
disait-il à Dame Poulette,
10 je suis beau, ma voix est parfaite,
mon plumage scintille et je sais tous les airs.
Je peux chanter Manon, Werther,
Les Huguenots, Carmen et la Vie de Bohème
et même
15 je peux chanter Rigoletto
à la radio.
Je suis le roi du bel canto.
On va publier ma photo
demain, dans tous les magazines.
20 Pense à la tête des voisines!
De Marseille jusqu'au Tréport,
d'Hollywood à Chandernagor,
on écoutera ma voix d'or
dans les films en technicolor.
25 La fortune m'attend et ma gloire est prochaine.
La poule qui cherchait des graines,
lui répondit: — Attends encor,
ô mon ténor!
La fortune est aveugle et la gloire incertaine.
30 Quand on laisse ce qu'on aima,
quand on rêve de cinéma,
qui sait ce qu'on rencontrera!
Mais le coq se moquait des discours de la poule,
il voulait conquérir les foules,
35 acheter trois châteaux sur la Côte d'Azur
quatre autos, deux avions et même des chaussures...
Il partit donc un beau matin,
fit la rencontre d'un mâtin
et l'aborda sans méfiance.
40 Adieu, domaine, adieu, finances,
adieu, gloire des caméras!
Notre molosse le croqua.
Ma belle, quand tu rêveras,
pense au coq qu'un matin, un mâtin dévora.

Pierre Gamarra. *La Mandarine et le Mandarin*. Paris: Editions La Farandole, 1970, p. 50.

Vocabulaire

la Bresse, la Bourgogne, la Gascogne, la Bretagne: des régions de France – *breton, ne*: de la Bretagne – *scintiller*: briller, p. ex. les étoiles scintillent – *un air*: mélodie – *le bel canto*: façon (italienne) de chanter en visant surtout la beauté et l'expression de la virtuosité – *Le Tréport*: ville touristique sur la Manche – *Chandernagor*: ville dans l'Inde (française jusqu'en 1950) – *le mâtin*: gros chien de garde – *le molosse*: gros chien de garde – *croquer*: manger avec avidité (en faisant de bruit).

Etude du texte

1. Que voulait devenir le coq?
2. Quels sont les mobiles de ses «projets professionnels»?
3. Quelle est la réaction de sa femme face à ses projets?
4. Expliquez la suite des événements.
5. Qu'est-ce qui explique le dénouement?
6. A quoi se rapportent les vers 40 et 41?
7. A quoi servent les noms de provinces et ceux des villes?
8. Que signifie l'expression «Dame Poulette»?
9. Pourquoi P. Gamarra a-t-il choisi un coq comme personnage principal? Caractérisez le protagoniste.
10. Quelle est la moralité de la fable? Que fait le poète pour la mettre en relief?
11. Dans quel but l'auteur a-t-il employé les expressions concernant le monde des mass-media. Et comment est-il décrit?
12. Quel est le ton de cette fable? Référez-vous au texte pour répondre à cette question.

VOCABULAIRE SYNTAGMATIQUE

LES MASS MEDIA

s'adresser à viser être destiné à	servir à être utilisé pour		pouvoir	
• tous • la masse • certains groupes sociaux • le grand public • des lecteurs • des auditeurs • des spectateurs		diffuser	influencer	• l'opinion publique • les options politiques • les loisirs • les modes
		• des messages • des idées • des informations • des idéologies • de la propagande • des images		
– ceux qui veulent • communiquer • dialoguer • s'informer • apprendre • comprendre • se tenir au courant • se promouvoir		créer	être:	
		• des mouvements d'opinion • des contacts humains • des champs d'influence • des courants de pensée	un moyen	• de persuasion • de formation permanente • de pression idéologique • de matraquage psychologique
		déterminer	un outil de	• promotion individuelle • standardisation culturelle • nivellement • enrichissement de la vie quotidienne • évolution des mœurs, des idées, du langage • abrutissement collectif • réduction des relations humaines • destruction de l'originalité • aliénation • disparition des privilèges sociaux
– ceux qui savent • voir, mais aussi regarder • entendre, mais aussi écouter • lire et saisir • assister et participer		• des orientations politiques • des évolutions sociales		

38

LA RADIO

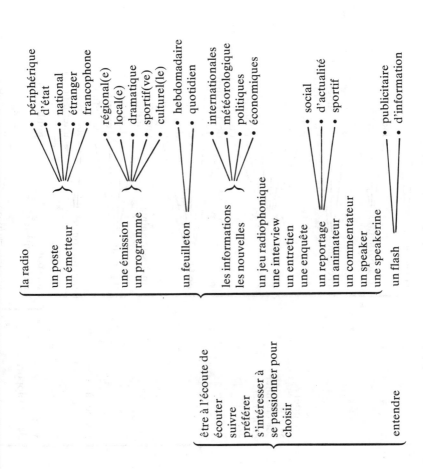

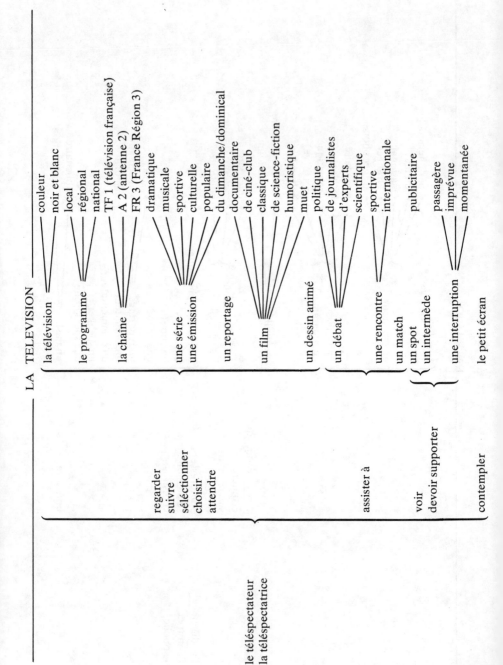

LA PUBLICITÉ

les industriels les annonceurs	tenter de vouloir essayer de	vendre leurs produits promouvoir leur production diffuser leurs marchandises s'implanter sur les marchés conquérir des monopoles atteindre les consommateurs stimuler leurs ventes	pour cela ils	prévoir un budget publicitaire contacter une agence publicitaire financer une campagne faire une étude de marché établir une enquête de motivation faire faire des sondages faire faire une prospection

l'agence de publicité
le publiciste
le publicitaire

- cerner
  - le consommateur potentiel
  - la cible
  - le créneau publicitaire

- déterminer
  - les possibilités d'impact d'une action publicitaire
  - l'axe d'argumentation
  - l'argumentation
  - la devise publicitaire
  - le slogan
  - la stratégie de la campagne publicitaire
  - le processus publicitaire
  - l'image de marque

- choisir
  - les média
  - les supports
  - les situations
    - les enseignes lumineuses
    - la radio
    - la télévision
    - la presse écrite
    - le cinéma
    - la rue
    - les vitrines d'affichage
    - les abris-bus
    - les colonnes Morris
    - les couloirs du métro
    - les stations
    - les lieux publics en général
    - les transports publics
    - les panneaux d'affichage
    - les panonceaux publicitaires

- se charger de la création
  - des annonces
  - des prospectus
  - des affiches
  - des courts métrages
  - des slogans
  - des placards
  - des encadrés
  - des pavés

41

LA PRESSE

- mensuel
- hebdomadaire
- quotidien
- du matin
- du soir
- à grand tirage
- régional
- d'information
- populaire
- féminin
- (pour) la jeunesse
- à scandales
- spécialisé
- d'opinion
- de tendance
- souterrain
- du cœur
- parisien
- du dimanche
- gastronomique
- automobile
- international
- sportif
- de vulgarisation
- de la mode
- (de) loisirs
- économique
- scientifique

s'adresser à
viser
informer
atteindre
toucher
trouver son audience chez
parmi

une cible
un public

{ un lecteur
une lectrice
masculin
féminin
de droite
de gauche
rural
citadin
précis
jeune
âgé
d'un certain âge
flou
indéterminé
bien déterminé
scolaire
catholique
de ménagères

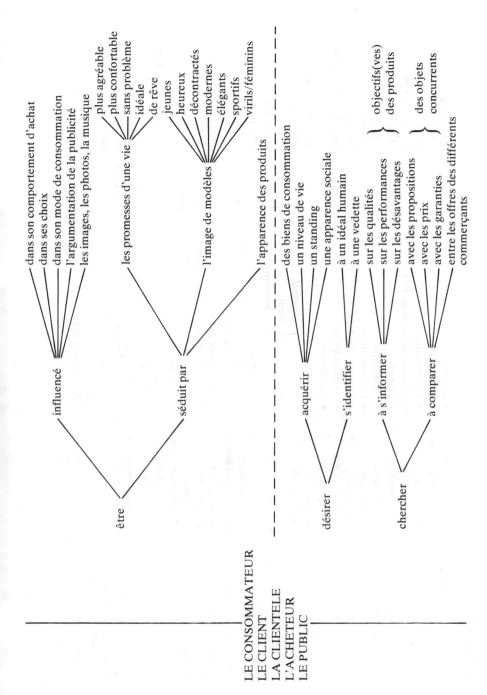

regarder	soigneusement		• la revue		s'informer
lire	superficiellement		• le journal		se mettre au courant
parcourir	à la va-vite		• le périodique		se divertir
étudier	passionnément		• la presse (cf tableau IV)		passer le temps
comparer	en profondeur	afin de	• l'article		y voir clair
commenter	sélectivement		• la rubrique		s'amuser
critiquer	rapidement		• les gros titres		se former
examiner	lentement		• les têtes d'article		s'orienter
feuilleter	méthodiquement		• les manchettes		pouvoir prendre position
	page par page		• la colonne		
	en biais		• la une		ses pauses
LE LECTEUR	en marchant		⎧ régional		ses loisirs
LA LECTRICE			• le cahier ⎨ local	pendant	ses cours
LE PUBLIC	régulièrement		⎩ publicitaire		ses vacances
L'HOMME DE LA RUE	de temps en temps		• les annonces		ses repas
LE PARTICULIER	de temps à autre		• les petites annonces		ses trajets
LE PASSANT	parfois		• les mots croisés		
LE VOYAGEUR	rarement		• la page des jeux		son train
L'ETUDIANT	quotidiennement		• les programmes de télévision	en	son bus
	systématiquement		cinéma	attendant	son métro
acheter	volontiers		• le sommaire		son taxi
emprunter	…		• l'éditorial		son tour chez le dentiste
échanger			• l'actualité		
se procurer			• le tiercé		à l'école
			• le photo-roman	en allant	au travail
se passionner pour			• la bande dessinée		etc.
s'intéresser à			• les recettes		
s'enthousiasmer pour			• la mise en page		
détester					

Erläuterungen zur Methode und zum Aufbau

Die Kursmaterialien Französisch Sekundarstufe II basieren auf einer «pédagogie de l'approche», die anknüpfend an die Kenntnisse, die der Schüler aus dem Grundstufenkurs mitbringt, die komplexen Anforderungen authentischer Texte in zwei Eingangsphasen entzerrt und den Schüler erst in einer dritten und vierten Phase mit dem eigentlichen Zielbereich des Französischunterrichts auf der Sekundarstufe II, dem authentischen Text angemessener Länge und unterschiedlicher Textsorte, konfrontiert.

Die vier Phasen können als Motivationsphase, Filterphase, Analysephase und Transferphase bezeichnet werden. Von großer Bedeutung sind dabei vor allem die ersten drei Phasen; unter ihnen kommt der Filterphase für den Aufbau einer thematischen Sprachkompetenz ein besonderes Gewicht zu. Die Besonderheit dieses Heftes besteht im Schwerpunkt dieser Aufbauphase. Mit Hilfe von Werbetexten haben wir die Möglichkeiten, die dieser Bereich für den Unterricht bietet, zu nutzen versucht. Die eingängigen Formeln bereiten Freude und haften im Gedächtnis. Elliptische Sätze regen zum Vervollständigen an; der persuasive Charakter äußert sich in Finalsätzen und in Imperativen. Auch weitere wichtige sprachliche Bereiche, die für den *commentaire dirigé* von Bedeutung sind, wurden in die für den Sprachaufbau des Schülers unumgänglichen Übungen aufgenommen.

Die vorsichtige Progression der Anforderungen in den Kursmaterialien Französisch läßt diese für die Textarbeit im Grundkurs wie auch im Leistungskurs der differenzierten Sekundarstufe II geeignet erscheinen.

Die Textsammlung *Les Mass media* enthält folgende Materialien:

Motivationsphase

Am Anfang stehen eine Bilderserie sowie ein *texte fabriqué*, der im Schwierigkeitsgrad auf dem Niveau einsetzt, das der Schüler nach Abschluß des Grundstufenlehrbuches erreicht haben dürfte. Übungen zur Erarbeitung des Kommunikationsmodells schließen sich an. Es steht dem Lehrer frei, sich aus dem Angebot für seine Klasse das zu wählen, was ihm angemessen erscheint. Jedenfalls ist die Kenntnis und (sprachliche) Benutzung dieses Schemas für die spätere Textanalyse von Vorteil.

Filterphase

Den Übergang von der Motivationsphase zur Filterphase bildet die Arbeit mit den Werbetexten. Im Mittelpunkt stehen eine Reihe kurzer Texte, die in einen Teilbereich einführen: *La publicité, la presse, la télévision*.

Analysephase

Die Analysephase nimmt die Thematik der beiden ersten Phasen wieder auf und erweitert sie um die Medien Film und Radio. Gleichzeitig bietet sie Texte verschiedener Textsorten (Interview, Reportage, politischer Brief, Feuilletonartikel, Auszüge aus einem Kriminalroman, aus einem soziologischen Werk und ein Artikel, den Michel Meyer, Korrespondent von *Antenne 2* in Bonn für dieses Heft geschrieben hat). Deutlich ist mit dieser Phase eine stärkere Problematisierung verbunden. Auch bestimmte Mechanismen der psychologischen Führung werden gezeigt. Diese gelten für alle Massenmedien, wenn auch das Fernsehen im Vordergrund steht.

Transferphase

Diese Phase wendet das bisher Gelernte bei der Interpretation von Texten in neuen – natürlich nicht völlig verschiedenen – Zusammenhängen an. Einmal ist es die ironische Familienschilderung eines Romans. Dann benutzt eine moderne Fabel die Vorstellungswelt der Massenmedien, des Starkultes.

Themenspezifisches Vokabular

Es ist am Ende des Schülerheftes in syntagmatischen Vokabularen unter den Titeln: «Les mass-media», «La radio», «La télévision», «La presse» und «La publicité» gesammelt. Sie erfüllen die Forderung nach Gruppierung des Wortmaterials um Schlüsselbegriffe mit ihren spezifischen Kollokationsfeldern. Diese Inventare sollten vom Lehrer als möglicher Organisationsrahmen aufgefaßt werden. Dem Schüler werden sie zu einem adäquateren Ausdruck im jeweiligen Themenbereich verhelfen.
In den Aufgaben zu den einzelnen Texten wird zeitweilig auch die Benutzung von Wörterbüchern verlangt.

Textauswertung

Die Texte sind mit Vokabelerklärungen versehen und von Aufgabenstellungen begleitet. Die Aufgabenstellungen untergliedern sich in die Bereiche *Etude du texte*, *Discussion* und *Travaux pratiques*. Unter *Etude du texte* werden Leitfragen zu Inhalt, Struktur und Textsorte der einzelnen Texte gestellt. Die unter *Discussion* enthaltenen Fragen berühren häufig auch Vorwissen des Schülers; diese Fragen wollen zu Informationsbewertung und Stellungnahme anregen. Sie versuchen den jeweiligen Bereich zu problematisieren und so Sprechanlässe zu geben. Der Bereich *Travaux pratiques* bietet Aufgabenstellungen zu Wortschatz, Morphosyntax und zu einigen ausgewählten Formen der mündlichen und dann in zunehmendem Maße auch der schriftlichen Textproduktion.

Zusätzliches Material für den Lehrer

Das Heft für den Lehrer macht Anmerkungen zu den einzelnen Phasen und bietet Lösungen zu den Aufgabenstellungen der einzelnen Texte an. Es soll dem Lehrer mühselige Routinearbeit abnehmen und ihm durch Hinweise auf wichtige Veröffentlichungen Anregungen für seine Unterrichtsgestaltung geben. Schließlich enthält das Lehrerheft einen Text für die Lernzielkontrolle nach Abschluß der Filterphase und zwei Texte, die sich für einen schriftlichen Textkommentar (Klassenarbeit als *commentaire dirigé*) nach Abschluß der Analysephase oder Transferphase eignen.

Anmerkungen und Lösungen

Motivationsphase (ca. 2–3 Unterrichtseinheiten)

Sie beabsichtigt eine erste Konfrontation mit dem Themenbereich und gleichzeitig eine Reaktivierung der themenspezifischen Grundkenntnisse, die in den vorausgegangenen Kursen bereits erworben wurden. Das Material, mit dem dies bewirkt wird, sind Bilder und fabrizierte Texte, also Materialien, die der Schüler aus dem Grundstufenlehrbuch bereits kennt. Mit ihnen soll er zu möglichst vielen spontanen Äußerungen motiviert werden.
Folgende Elemente des themenspezifischen Vokabulars können u. a. bei der Besprechung der Bilderserie erarbeitet werden:

avoir peur de la vie quotidienne, ne pas avoir de courage
être fatigué, vouloir se reposer
    de bonne/mauvaise humeur
s'ennuyer, se réveiller
avoir l'air intéressé/désintéressé/fatigué
aimer regarder la télévision (en couleurs), l'écran
écouter les émissions de radio
se laisser divertir/distraire par des émissions de sport, des pièces de théâtre
faire marcher/mettre la télé/la radio
arrêter son poste, son appareil

Natürlich können auch andere, bereits erlernte Ausdrücke, die im syntagmatischen Vokabular enthalten sind, reaktiviert werden.
Die Texte der Sprechblasen können eventuell vom Lehrer nur global wiedergegeben werden. Es handelt sich um handwerkliche Tätigkeiten, die der Urlauber eventuell in den verschiedenen Provinzen kennengelernt hat.

Le transistor et la mer

Travaux pratiques
1. c)

images	radio, transistor, disque	cinéma, télévision	journal
gestes, mimique etc.	téléphoner	parler, discuter etc.	lettres, cartes postales etc.

4. La communication
Sollte die Dichte des fachspezifischen Vokabulars evtl. zu groß sein, kann dieser Abschnitt auch etwas später erarbeitet werden, unter Umständen in zwei Teilen.

Les moyens les plus importants de communication sont les images, les gestes et le langage. Les images et les gestes excellent par leur caractère immédiat. Ils sont perçus par les yeux. Le langage est capable de transmettre des informations de tout genre, des ordres, des salutations, des sentiments, des constatations etc.
Souvent les informations (messages) concernent des choses, des actes très simples; parfois il s'agit aussi de donner des informations très compliquées aux destinataires, p.ex. de leur expliquer un fait scientifique. Pour être compris le destinateur (émetteur) au sens large du mot choisit une façon de parler qui s'adapte au destinataire (récepteur). On peut distinguer une communication (orale/écrite) unilatérale c'est-à-dire dans un seul sens ou réciproque. Un échange de lettres peut représenter une communication écrite réciproque. Quand nous écoutons les informations, le seul à parler est le speaker et nous sommes les seuls à écouter. Il s'agit donc d'une communication orale unilatérale parce qu'il n'y a pas rétroaction. Dans ce cas il s'agirait d'un dialogue, et pas d'un monologue. Certes, il y a aussi des monologues qui provoquent des réactions comme les applaudissements ou les protestations.

Filterphase (etwa 10–15 Unterrichtseinheiten)

Die Filterphase versorgt durch kurze, einfachere authentische Texte (Filtertexte, *textes d'approche*) vorwiegend referentiellen Charakters den Schüler mit Informationen über die einzelnen Teilbereiche des Themenfeldes und stellt ihm in den Übungen sprachliche Aufgaben, die ihm helfen sollen, die komplexeren Texte der dritten und vierten Phase sachgerecht und auf einem der Sekundarstufe II angemessenen Niveau bearbeiten zu lernen. Eingeleitet wird hier die Filterphase durch Werbetexte und sich daran anschließende Übungen.
Die Aufgabenstellungen sollen Anregungen sein, aus denen Sie auswählen können, über die Sie aber auch noch hinausgehen können je nach klassenindividueller Notwendigkeit (vgl. Fehleranalyse). Sie sollten dabei im Auge behalten, was das übergeordnete Ziel dieses Heftes ist: den Schüler bei der Bearbeitung von Texten zu selbständiger Informationsaufnahme, -verarbeitung und -bewertung zu

bringen, die sich in einem geordneten mündlichen oder schriftlichen *commentaire dirigé* niederschlägt. Hilfe bei der Erstellung weiterer Übungsaufgaben können Ihnen geben:
M. Boy. *Formes structurales du français.* Paris: Hachette/Larousse, 1971.
M. Bénamou, J. Carduner. *Le Moulin à Paroles.* Paris: Hachette, 1974.
H. O. Hohmann. *Etapes. De l'expression guidée vers l'expression libre.* Dortmund: Lensing, 1974.
R. Lagane. *Dictionnaire du français contemporain.* Livret méthodologique. Paris: Larousse, 1971.
Sollten Sie weitere Sachinformationen zu dem Themenbereich suchen, so seien besonders empfohlen:
J. Cazeneuve. *Les Pouvoirs de la Télévision.* Paris: Gallimard, 1970.
B. Voyenne. *La presse dans la société contemporaine.* Paris: A. Colin, [3]1969.

Auch in der *Sammlung Lensing 3, Nouveaux Textes Français,* Arbeitsmaterialien in Loseblattform für die Sekundarstufe 1 und 2, werden Sie eine Reihe von Texten, verbunden mit sprachlichen Übungen (besonders in grammatischer Hinsicht) und *centres d'intérêt* finden, so z. B. «La femme la plus extraordinaire que j'aie rencontrée» (I/26), «Où êtes-vous, Mme Dupont?» (I/49); «Les raisons secrètes qui nous font aller au cinéma» (II/2), «Libertés» (II/1); «Recette pour fabriquer un chanteur» (II/27); «Lève-toi et marche» (II/36); «L'honnêteté du Monde» (II/52); «Giscard ‹passe› moins bien» (II/59).

Die mit II bezeichneten Texte sind vor allem für die Analysephase und auch Transferphase geeignet. Die Übungen indes können bereits in der Filterphase an thematisch geeigneter Stelle Verwendung finden.

Le dialogue est communication

Travaux pratiques et études du texte

2. Il ne s'agit pas d'un vrai dialogue. Le but du texte est d'améliorer la réputation des produits Olivetti. La réponse du lecteur est donc en fin de compte l'achat d'un produit Olivetti.

La langue publicitaire III

Travaux pratiques

4. a) la virilité; b) le dynamisme; c) l'expérience; d) l'érotisme; e) la nouveauté; f) l'efficacité; g) la féminité; h) la fraîcheur.

La publicité «à Rome»

Etude du texte

1. Répétition des qualités du produit, la possibilité de reconnaître facilement le produit, l'éloge des qualités. Les supports: affiches, panneaux, slogans, spots publicitaires utilisés comme intermèdes à des spectacles, propagande chuchotée, une petite chorale.
2. La motivation d'achat pourrait être l'utilité du produit, le confort obtenu, l'amusement en général, le caractère inusable, la solidité.

3. Elle est jalouse de ses voisins qu'elle ne semble pas apprécier. Aujourd'hui il y a des gens qui achètent une voiture pour faire voir leur promotion sociale.
4. César ne comprend rien à ce que Saugrenus dit, il est fort pessimiste en ce qui concerne le succès de la campagne publicitaire.
5. A t'en croire tu auras le pouvoir de vendre facilement beaucoup de menhirs.
6. Une partie des mots peut être employée dans le langage des soldats p.ex. cerner la cible, la campagne, la stratégie, le positionnement, provoquer, succès, hasardeux.
7. Imitation de l'antiquité: Tout l'extérieur, p.ex. les vêtements, l'arène, le combat, les bâtiments etc. Moderne: la théorie de l'économie du marché, l'efficacité de la publicité; il y a aussi des gens qui croient découvrir en Saugrenus J. Chirac (saugrenu,e: ridicule).
8. Il y a p.ex. des images qui remplacent le texte et permettent à l'action de continuer, de plus elles caractérisent un personnage, une situation, la réaction, les pensées de qn; elles attirent l'attention, suscitent l'intérêt. Elles exigent une «lecture nouvelle».
9. Réponses individuelles, mais il s'agit en tout cas d'une critique – sous forme de plaisanterie – du monde moderne et aussi de certains hommes politiques actuels; des éléments parodiques.

Relations publiques et pressions sur la presse

Etude du texte
1. Les coûts de production d'un journal sont très élevés. S'ils ne contenaient pas de publicité, le public n'achèterait pas assez de journaux; les annonces font parfois 85% des recettes.
2. Il y a des publicitaires qui désirent insérer des articles bienveillants ou éviter des articles critiques. L'auteur tient ce danger pour moins grand qu'on ne pense.
3. Il s'agit bien sûr d'un journaliste. Dira-t-il trop de mal de ses collègues?

Travaux pratiques
4. a. La distraction à obtenir ...; b. Après avoir accepté ...; c. Après avoir perdu ...; d. Avant de baisser leur prix ...; e. Le danger à éviter ...; f. Après avoir fait partie ...; g. Un des très rares journaux à ne pas insérer ...; h. Après avoir acheté ...; i. (Le media à jouir ...) ... est le media à jouir de la plus grosse part ...
5. attirer l'attention; gérer le budget; exercer une influence; remplir une fonction; diffuser des messages; insérer des annonces; établir des relations; provoquer des besoins; élaborer une charte; déterminer l'évolution sociale; prendre une décision; proposer des images au lecteur; infliger une punition; transformer les conditions de la vie; poser/entamer un problème.

La familiarité des grands

Etude du texte
1. La TV apporte des messages, des informations à tout le monde sans que ces messages passent par certains filtres tels que la famille ou d'autres structures

sociales importantes. De plus, ces informations s'adressent à tout le monde (manque de messages individuels). Ceux qui sont loin de nous (et connus de tous) nous rendent souvent visite sur l'écran, tandis que nos voisins dans les grands ensembles nous sont inconnus, on voit les «grands» plus souvent que les proche-parents.
2. L'auteur semble d'abord décrire un fait d'une façon assez neutre, objective, puis il imite une conversation où il est lui-même interlocuteur.
3. Il s'agit d'une intensification: discours direct; goût du paradoxal, citation, ton plus personnel.

Travaux pratiques
4. a. Bien que/Quoique; b. Bien que/Quoique; c. Puisque (Comme); d. Bien que/Quoique; e. Comme; f. Comme; ou: ..., parce que ...; g. Bien que/Quoique; h. ..., parce que ...; ou: Comme ...; i. ..., parce que ...; k. Bien que/Quoique.

La vie sans télévision

Etude du texte
1. Colère d'abord – puis on s'adapte (on achète des antennes permettant de capter la télé italienne).
2. Il y a une communication plus intense entre les hommes, plus de visites entre amis.
3. La vente de journaux augmente; les cafetiers en profitent, même les footballeurs. La réaction des vendeurs d'appareils de télévision est mitigée: moins d'appareils de télé, mais plus d'antennes.
4. La TV a marqué la vie des Corses comme la nôtre: Pour pouvoir regarder la TV, on rend moins visite aux amis, on achète moins de journaux (ce qui n'est peut-être pas typique); les gens en dépendant énormément, c'est pourquoi on essaie de capter la télé italienne.
5. La TV est pour eux un symbole et un instrument de l'Etat central; de plus c'est ainsi qu'ils font sentir leur action à tous les Corses.
6. Il décrit la réaction des Corses. Il ne s'agit donc pas d'une information sèche et neutre; il rend compte plutôt du côté humain (voir les termes exprimant des sentiments: colère, bonheur, satisfaction, consolation etc.). Il s'adresse à un public n'aimant pas trop la «politique pure»; il s'agit d'un journal de province.

Travaux pratiques
7. d. Si tous les Français possédaient un poste de télé, moins de gens iraient au cinéma. e. Le téléspectateur n'irait peut-être pas au stade, s'il pouvait voir la transmission.

Analysephase

Die Analysephase, die eigentliche Zielphase, setzt sich die Analyse und Interpretation stärker markierter authentischer Texte zum Ziel. Der Schüler soll jetzt, nachdem er in vorsichtigen Progressionsschritten in den Themenbereich und seine Sprache eingeführt worden ist, die komplexen Anforderungen authentischer Texte

mehr und mehr selbständig bewältigen lernen und dabei gleichzeitig Techniken der Textproduktion lernen und üben. Am Ende dieser Phase soll er unterschiedliche Sprecherhaltungen unterscheiden können oder den unterschiedlichen Wirklichkeitsbezug von Texten verschiedener Textsorten kennengelernt haben. In der Filterphase sind Informationen über Teilaspekte des Themenbereichs erworben worden; sie werden in der Analysephase durch das Arbeiten am authentischen Langtext verschiedener Textsorte vertieft und erweitert. Die einzelnen Themenstränge liegen diesmal so dicht nebeneinander, daß es nicht notwendig ist, sie getrennt hier nach den verschiedenen Texten aufzuführen. Die Verschiedenheit der einzelnen Textsorten kann dem Schüler über eine Beschreibung der in den jeweiligen Texten dominierenden sprachlichen Funktionen und evtl. dem Kommunikationsmodell sichtbar gemacht werden. Dieses Verfahren scheint fruchtbarer zu sein als ein oberflächliches Einordnen in Kategorien, da der Schüler bei der Beschreibung der Funktionen gehalten ist, den Text bis hin zum sprachlichen Detail zu untersuchen.
Bei der Gestaltung Ihrer Analyseverfahren könnte Ihnen behilflich sein:
I. Christ, „Zur Arbeit mit Sachtexten auf der Übergangsstufe". *PRAXIS* 2/1972.
L. Franke, „Das strukturentwickelnde Verfahren". *Die Neueren Sprachen* 2/1973.
E. Liebe, „Zur Arbeit mit fiktionalen Texten auf der Übergangsstufe". *PRAXIS* 2/1973.
W. Bartenstein. *Arbeit mit französischen Sachtexten.* Stuttgart: Klett, 1976.
In dieser Phase ist das Arbeiten mit dynamisch angelegten, den Unterrichtsverlauf wiedergebenden Strukturbildern besonders wirksam. Diese Strukturbilder, die Sie auf der Wandtafel oder auf der Overheadfolie erstellen können, erleichtern dem Schüler das häusliche Nacharbeiten, weil sie ihm Schlüsselbegriffe für die einzelnen Texte verfügbar machen.
Alle Texte dieser Phase sollten vor der Behandlung im Unterricht von den Schülern zu Hause vorbereitet werden. Die Vorbereitungsarbeit der Schüler wird erleichtert, wenn Sie ihnen mit einigen Leitfragen bereits Zielrichtungen der Analyse angeben.
Zielform des mündlichen und schriftlichen Arbeitens in dieser Phase ist der Textkommentar. Der schriftliche Textkommentar anhand von Leitfragen (*commentaire dirigé*) erwächst aus dem mündlichen Textkommentar im Unterricht und kann schließlich zu einem Textkommentar ohne Leitfragen führen.
Die zur Lernzielkontrolle beigefügten Texte: «Conférence de la Une» (fiktionaler Text), «Freud avec nous» (Sachtext), greifen die Thematik des Schülerheftes wieder auf und sind als Vorschläge für Langzeitarbeiten in Form des *commentaire dirigé* gedacht. Der dazugehörige Apparat sollte jeweils vom Lehrer selbst erstellt werden, da in ihm die Situation eines jeden Kurses mit berücksichtigt werden muß. «Bienvenue chez nous», ein Werbetext, kann bereits früher eingesetzt werden.
Auch sei darauf hingewiesen, daß die auf Seite 49 angegebenen Texte aus der *Sammlung Lensing 3* großenteils leicht als Kursarbeiten benutzt werden können.

La télévision française

Etude du texte
1. Elle a attribué à la télé une autonomie plus grande. De plus, elle a divisé l'organisme unique en 7 sociétés indépendantes.
2. Sa responsabilité concerne surtout les téléspectateurs, moins le gouvernement.
3. La concurrence devrait inciter les programmes à faire de leur mieux.
4. Ce sont les téléspectateurs qui paient une somme distribuée aux différentes sociétés de programme et de production selon le taux d'écoute, mais aussi d'après des notes concernant la qualité.
5. La première a un public «normal», il s'agit de ceux qui s'informent plutôt officiellement; la deuxième attire les intellectuels; la troisième les cinéphiles et ceux qui s'intéressent à leur région.

Film et télévision

Etude du texte
1. 60% des Français préfèrent la télé au cinéma. Le nombre de films offert par la TV à son auditoire est si grand que le spectateur voit plus d'inconvénients à se déplacer qu'à rester chez lui. Cependant les jeunes aiment encore aller au cinéma.
2. D'après le sondage c'est une question de couche sociale, d'âge et de formation. Les ouvriers non spécialisés regardent souvent des films, les cadres supérieurs le font assez rarement.
3. C'est surtout la formation culturelle qui compte ici.
4. Le directeur de FR 3 défend son programme de diffusion de films en énumérant les arguments des spectateurs qui disent qu'ils ne veulent pas se déplacer pour aller dans une salle. Le directeur de TF 1 se montre optimiste. Il souligne le pourcentage des personnes interrogées qui se déplacent et le nombre de ceux qui sélectionnent ce qu'ils veulent regarder à la télé. M. Jullian souligne le fait qu'il tient compte de son auditoire en consacrant la plus grande partie du budget à la création de films.
Les trois P.-D. G. se montrent nettement satisfaits du nombre de gens qui préfèrent la TV au cinéma. Pourtant chacun d'entre eux a une raison différente. M. Contamine présume que c'est dû à la paresse des téléspectateurs, tandis que M. Guillaud – un peu ironique – souligne le fait que 36% des personnes veulent encore aller au cinéma. D'après lui, la TV est l'alliée du cinéma, elle incite les gens à aller au cinéma. M. Jullian croit que les chances du cinéma sont au départ plus grandes. Le succès de la TV est un danger pour elle-même.
5. Le cinéma est vu sous un mauvais jour. Il provoque partout de mauvaises associations. Le point de vue semble être partial, unilatéral.
6. C'est la qualité dont on ne parle pas.

L'Etat et l'indépendance des sociétés nationales de programmes

Etude du texte
1. Ils sont responsables de la TV et de la radio.
2. Il s'agit de la relation entre les mass-media et les pouvoirs publics.

3. Soutenus et contrôlés par un conseil d'administration les P.-D. G. devraient exercer leur fonction sans intervention de la part de l'Etat ni de personne. Leurs devoirs: la gestion, l'information correcte.
4. Elle devrait faciliter la vie qui est en évolution permanente. Elle est pour lui un moyen de délivrance, d'imagination, de distraction (bien sûr aussi de formation, d'information, de rencontre du réel).
5. Il s'agit surtout de formules de politesse, d'atténuation, p.ex. puis-je etc.
6. D'une part il emploie l'indicatif, l'énoncé de faits. D'autre part, il atténue ce qu'il veut dire (voir les formules de la deuxième partie).
7. Il répartit clairement les responsabilités. Mais n'exerce-t-il pas une pression sur le choix fondamental du programme en formulant un vœu?

L'ère de la communication mondiale

Etude du texte
1. (1–6) L'importance de la presse pour nous (images–notions); (7–15) le développement quantitatif de la presse (écrite et parlée); (16–27) le développement qualitatif (peu d'écart entre l'événement et l'information – expansion de l'information); (28–41) les dates de ce développement; (42–45) une autre vue du monde; (46–55) une conversation ininterrompue – cause de mouvements.
2. Un événement sans aucune importance et qui a lieu loin de nous est communiqué tout de suite à un grand nombre de gens.
3. Auparavant l'homme percevait ce qui atteignait ses sens. Ces impressions étaient limitées par l'espace et par conséquent par le temps. Aujourd'hui il peut tout voir presque aussitôt.
4. C'est une civilisation caractérisée par la «conversation», la presse s'impose, elle reflète aussi l'opinion des faibles.
5. Il s'agit de qc de général et d'important.
6. Les phrases sont relativement longues, contiennent beaucoup de détails, le rythme est lent, réfléchi, compassé; la subordination est fréquente; le vocabulaire est soigné.
7. Il montre l'importance de la presse; il s'agit donc d'une réflexion destinée à informer un public d'un certain niveau. En apportant des arguments, des faits historiques, il met en relief l'importance et les performances de la presse.
8. Il ne parle ni d'exigences morales, p.ex. de la vérité, ni de la capacité intellectuelle des journalistes, ni de leurs connaissances (de langue p.ex.). Il parle plutôt du point de vue technique.

Maigret et la presse

Etude du texte
1. a) Entrée d'un garçon et vente d'un journal à sensations (1–10);
   b) Lecture du journal par Maigret (11–39);
   c) Maigret regarde les gens et l'environnement, un coup de téléphone (40–48);
   d) Essai de Maigret de s'informer auprès du journal à Brest (49–58).

2. Il y a d'abord les gros titres (manchettes) qui éveillent l'intérêt, mais restent dans le vague; puis des sous-titres indiquant des événements mystérieux et passionnants. Suivent les faits, des crimes inexpliqués. A la fin description des conséquences: peur, incertitude soulignée par un style différent (des questions, des phrases inachevées).
3. Le lecteur se sentira obligé d'acheter le numéro suivant pour savoir qui est le coupable.
4. Ce sont d'autres journaux qui veulent avoir des renseignements sur les événements. Mais on ne voudrait pas parler au commissaire, compétent bien sûr. On préfère la fille de salle.
5. Il voudrait se renseigner sur le contenu, la vérité de l'article paru dans ce journal. Il manifeste sa déception et sa colère.
6. Ce sont de courtes phrases de la langue parlée, souvent dépourvues de verbe, surtout quand il s'agit d'une vérification de ce qu'il vient d'entendre. Ces courtes phrases expriment cependant une gamme de sentiments personnels (chose qui serait encore à démontrer).
7. Les victimes: notables, le propriétaire; les autres: un individu, un fou, un rôdeur; exagération de l'expression de peur: terreur, bombardement aérien, la peur règne, angoisse, victime, curieuse, etc. expression de qc de mystérieux.
8. Le Phare de Brest semble être un journal à sensation, il pourrait figurer parmi ces journaux qui satisfont les besoins sentimentaux des lecteurs. Dans un journal sérieux, un fait divers se trouve dans les pages du milieu, après les éditoriaux, les articles politiques etc. A la une se trouvent les informations concernant la politique intérieure et extérieure.
9. Evidemment Maigret méprise ce genre de journalisme à la recherche de sensations qui a pour seul but d'accroître le nombre de ses lecteurs.
10. On crée du suspense (voir en détail).
11. C'est la perspective de Maigret qui domine (lecteur – commissaire).

Possibilités et techniques de la persuasion

Etude du texte
1. Il s'agit de renforcer une opinion qui existe déjà, de créer une nouvelle opinion, de faire changer d'opinion.
2. On aime entendre ce qui renforce/corrobore sa propre opinion que l'on considère comme juste.
3. On cherche ses informations là où l'on croit obtenir ses propres opinions confirmées. On ne perçoit (voit et entend) que ce qui confirme ses propres opinions. On ne retient que ce qu'on trouve juste.
4. Celui qui attaque de front les opinions de son interlocuteur ou de son auditeur, (de sa cible), obtient souvent le contraire de ce qu'il aurait voulu.
5. On devrait s'adapter à l'opinion déjà existante, montrer que ce que l'on veut est conforme à ce qui est généralement admis, et puis on devrait lentement essayer de faire changer son auditeur d'opinion.

6. Le ton est calme, objectif, neutre; on réfléchit à un sujet. La construction des phrases est parfois compliquée, les conjonctions marquent bien les rapports logiques. Les phrases sont longues et elles contiennent beaucoup d'informations. Le vocabulaire est bien choisi, d'un niveau scientifique, il contient des termes techniques.

Transferphase

Die Transferphase gibt dem Schüler die Möglichkeit, seine zuvor erworbenen Kenntnisse und Fertigkeiten auf Texte zu übertragen und anzuwenden, in denen der Themenbereich innerhalb eines größeren Bezugssystems in wie auch immer gearteter Brechung wieder aufgenommen wird. Es handelt sich dabei vornehmlich um literarische Texte, die im Anschluß an die Arbeit mit dem Dossier gelesen werden können. Das Thema kann weiter verfolgt werden mit Texten, die in sehr vielen Dossiers französischer oder deutscher Verlage zu finden sind. Als Ganzschrift eignen sich u. a.
Jules Romain, *Knock*.
Marcel Pagnol, *Topaze*.

Un samedi

Etude du texte
1. On parle d'un samedi dans une famille où l'on s'ennuie.
2. a) Le grand-père remplacé par la télé; b) la télé en panne; c) Marcel à la plage; d) un jeu télévisé; e) à table.
3. Il était tellement plongé dans la lecture qu'il oubliait tout autour de lui.
4. Ce jeu a une certaine prétention (de culture, de formation). Les candidats doivent répondre à des questions d'histoire, de sciences naturelles. Mais ces questions-là sont décousues, n'ont rien à voir entre elles. On ne demande pas le sens des choses. Donc: manque de vraie formation.
5. Après le jeu télévisé, on passe un reportage sur le Tiers-Monde et les problèmes de la faim. Cette expression montre le manque de formation, de connaissance des problèmes du monde actuel. On rejette ce qui pourrait déranger son confort personnel. On ne pense qu'à son bien-être.
6. Les phrases sont courtes, se limitent au récit des phénomènes extérieurs, des étapes les plus importantes. Le plan humain est exclu. Le ton est plaisantin, moqueur, en même temps l'auteur semble critiquer le grand-père, mais aussi la famille (superficielle). Les objets et les hommes sont sur le même plan.
7. Le père semble assez actif, énergique, bricoleur, il fait la cuisine. La mère par contre est plutôt passive, adore la télévision, surtout les programmes de divertissement, de distraction. Manque de culture, manque de personnalité; elle dit: mon petit Marcel d'une part, d'autre part elle évite le conflit avec le père seulement à cause de la télé. Marcel est plutôt sympathique, il essaie de trouver un réparateur, il est malheureux du conflit qui trouble sa famille, il lit

des livres (même si le titre trahit le niveau de ce livre). Il aurait regardé l'émission critique.
8. Le speaker de l'émission de culture ne connaît pas les bonnes réponses, se trompe, doit vérifier les réponses de la candidate à l'aide d'une fiche. Manque de culture.
9. Le public en général est vivement critiqué, c'est une foule qui dépend de ce qui se passe à l'écran, qui est donc dépourvue de personnalité.
10. La télé sert à montrer les différences de caractère des personnages. De plus c'est là où se cristallise la bêtise du monde moderne. Le pessimisme se cache derrière la plaisanterie et l'ironie.
11. Le texte ridiculise le comportement d'une famille «normale»; l'auteur critique quelques habitudes du monde actuel. L'auteur a volontiers recours à l'ironie et se plaît à dévoiler l'absence de sentiments.

Le coq et le cinéma

Etude du texte
1. Il voulait devenir un grand chanteur.
2. Il y en a plusieurs: la gloire, la célébrité, les richesses; il veut provoquer la jalousie et l'admiration des autres.
3. Elle est sceptique, elle préfère la réalité aux rêves, elle préfère la sécurité.
4. Le coq est mangé par un gros chien. Tous les rêves sont terminés.
5. D'une part le coq ne connaît pas le monde et ses dangers; d'autre part il forme des rêves exagérés.
6. Ils se rapportent aux différents désirs du coq (voir en haut) irréalisables maintenant. Ils imitent en même temps les vers connus de La Fontaine VII,10,v.23 (*La laitière et le pot au lait*).
7. Les noms de provinces désignent sa provenance rurale (provinciale), les noms de villes désignent d'une part le midi/nord de la France, donc ses limites, d'autre part ils représentent le monde des vedettes.
8. Dame et Poulette ne vont pas ensemble. «Dame» une personne que l'on vénère, «Poulette»: diminutif de Poule; c'est ainsi que cette expression prend un ton de plaisanterie. En même temps, l'expression imite les troubadours.
9. Un coq chante, de plus il incarne l'orgueil: *fier comme un coq, le coq du village*. Il représente qn qui poursuit ses rêves ambitieux sans connaître le monde. Il a une opinion très, très haute de lui-même.
10. Il ne faut pas trop rêver, il faut connaître ses limites, autrement on risque de tout perdre. Il aborde une personne féminine.
11. Ces expressions se rapportent aux rêves du coq. C'est un monde «au-dessus des autres».
12. Ton moqueur, ironique, juxtaposition d'exagérations.

Vorschläge für Kursarbeiten (Klassenarbeiten)
Zwischentest nach Abschluß der Filterphase

1. *Familles de mots*
   a) discuter (2) (discutable, discussion)
   b) informer (3) (information, informatique, informatif, informateur)
   c) recevoir (3) (recevable, récepteur, réception)
   d) échanger (2) (échangeable, échange)
   e) initier (3) (initiation, initial, initiative)

2. *Cherchez le contraire*
   a) logique (illogique)
   b) utile (inutile, superflu, nuisible – wahlweise)
   c) l'achat (la vente)
   d) *poser* un problème (résoudre un problème)
   e) *interrompre* la communication (rétablir la communication)
   f) réel (irréel)

3. *Trouvez le terme exact*
   a) celui qui s'adresse à qn (destinateur)
   b) celui qui reçoit une communication (destinataire)
   c) une communication entre deux personnes est ... (réciproque)
   d) ce qui est transmis dans une communication (message)
   e) le résultat d'une production (produit)
   f) journal qui paraît tous les jours/une fois par semaine/par mois (quotidien, hebdomadaire, mensuel)

4. *Transformez en un syntagme nominal*
   a) Les beaux paysages donnent envie de voyager (La beauté des paysages donne ...)
   b) Les prix importants font réfléchir les clients. (L'importance des prix fait ...)
   c) Les croissants frais ouvrent l'appétit. (La fraîcheur des croissants ouvre ...)
   d) De nos jours, les valeurs stables sont appréciées. (De nos jours la stabilité ...)
   e) Des images authentiques intéressent les téléspectateurs. (L'authenticité des images intéresse ...).
   f) Une femme élégante attire les regards des hommes. (L'élégance d'une femme ...)
   g) Une voiture confortable est appréciée par les voyageurs. (Le confort d'une voiture ...)

5. *Répondez*
   a) Quels sont les moyens de communication les plus importants?
   b) Sous quelle forme peut-on transmettre un message?
   c) Décrivez brièvement la langue de la publicité.

6. *Rédigez un petit texte*
   Inventez une campagne de promotion pour un produit de votre choix. Adressez-vous à des jeunes, à des adultes (hommes/femmes).

Bienvenue chez nous

Prenez enfin des vacances en dehors des sentiers que les autres ont battus. Evadez-vous vraiment ... vers le Canada.
Au Canada la nature vierge dans sa splendeur originelle, la grandiose sérénité des larges horizons s'ouvrent à vous à quelques kilomètres des villes animées et joyeuses.
Au Canada, pays jeune, la vie éclate de partout: dans l'accueil chaleureux des Canadiens, dans les mille fêtes qui marquent leurs traditions jalousement conservées.
Les Canadiens français vous ouvriront les bras: ils partageront avec vous la fierté de leur héritage culturel. Et dans un ranch au pied des Montagnes Rocheuses, les cow-boys vous feront une place autour du feu de camp.
Et vivre la passionnante aventure canadienne est beaucoup moins cher que vous ne pensez.
Dès maintenant consultez votre agent de voyage ...
Cette fois-ci prenez des vacances différentes, évadez-vous au Canada.

1. S'agit-il d'une vraie invitation?
2. Quelles sont les associations qui dominent ce texte? A quoi servent-elles?

Conférence de Une

Jules Palotin, Directeur de «Soir à Paris», deux de ses journalistes: Tavernier, Périgord.

Jules prend le journal et le parcourt: Oh! Oh! Oh!
Il ouvre la porte de son bureau: Tavernier! Périgord! Conférence de Une! Qu'est-ce qu'il y a, mes enfants? Des soucis de cœur? Des ennuis de santé?
Tavernier: (*étonné*) Ma foi non ...
Périgord: (*étonné*) Je ne crois pas ...
Jules: Alors on ne m'aime plus?
Tavernier: Oh! Jules.
Périgord: Tu sais très bien que tout le monde t'adore.
Jules: Non: Vous ne m'adorez pas. Vous m'aimez un peu, parce que je suis aimable, mais vous ne m'adorez pas. Ce n'est pas le zèle qui vous manque, c'est l'ardeur. Voilà mon plus grand malheur: j'ai du feu dans les veines et je suis entouré par des tièdes!
Tavernier: Qu'est-ce que nous avons fait, Jules?
Jules: Vous m'avez saboté la Une en y collant des titres à faire rigoler les Papous.
Périgord: Qu'est-ce qu'il fallait mettre, patron?
Jules: C'est moi qui vous le demande, mes enfants. Proposez! (*Silence.*) Cherchez bien: je veux un titre locomotive, un titre atomique! Voilà huit jours que nous croupissons.
Tavernier: Il y a bien le Maroc.
Jules: Combien de morts?
Périgord: Dix-sept.

Jules:	Tiens! Deux de plus qu'hier. A la deux. Et vous titrez: «Marrakech: touchantes manifestations de loyalisme.» En sous-titre: «Les éléments sains de la population réprouvent les factieux.» Nous avons une photo de l'ex-sultan jouant aux boules?
Tavernier:	Elle est aux archives.
Jules:	A la Une. Ventre. Légende: «L'ex-sultan du Maroc semble s'habituer à sa nouvelle résidence.»
Périgord:	Tout cela ne donne pas le gros titre.
Jules:	En effet. (*Il réfléchit.*) Adenauer?
Tavernier:	Il nous a engueulés hier.
Jules:	Dédaignons: pas un mot. La guerre? Comment est-elle aujourd'hui? Froide? Chaude?
Périgord:	Bonne.
Jules:	Tiède, en somme. Elle vous ressemble. (*P. lève le doigt.*) Tu as un titre?
Périgord:	«La guerre s'éloigne.»
Jules:	Non, mes enfants, non. Qu'elle s'éloigne tant qu'elle veut, la guerre. Mais pas à la Une. A la Une, les guerres se rapprochent. A Washington? Personne n'a babillé? Ike? Dulles?
Périgord:	Muets.
Jules:	Qu'est-ce qu'ils foutent? (*T. lève le doigt.*) Vas-y.
Tavernier:	«Silence inquiétant de l'Amérique.»
Jules:	Non.
Tavernier:	Mais...
Jules:	L'Amérique n'inquiète pas: elle rassure.
Périgord:	«Silence rassurant de l'Amérique.»
Jules:	Rassurant! Mais mon vieux, je ne suis pas seul: j'ai des devoirs envers les actionnaires. Tu parles que je vais m'amuser à foutre «rassurant» en gros titre pour que les gens puissent le voir de loin. S'ils sont rassurés d'avance, pourquoi veux-tu qu'ils m'achètent le journal?
Tavernier:	(*levant le doigt*) «Silence inquiètant de l'U.R.S.S.»
Jules:	Inquiétant? L'U.R.S.S. t'inquiète à présent? Et la bombe H, alors? Qu'est-ce que c'est? Du mouron pour les oiseaux?
Périgord:	Je propose un surtitre: «L'Amérique ne prend pas au tragique le ...»; et, au-dessous: «Silence inquiétant de l'U.R.S.S.»
Jules:	Tu taquines l'Amérique, mon petit! Tu lui cherches des poux!
Périgord:	Moi?
Jules:	Parbleu! S'il est inquiétant, ce silence, l'Amérique a tort de ne pas s'en inquiéter.
Périgord:	«Washington ne prend ni au tragique ni à la légère le SILENCE INQUIETANT DE L'U.R.S.S.»
Jules:	Qu'est-ce que c'est que ça? Un titre de journal ou la charge des éléphants sauvages. Du rythme, bon Dieu, du rythme. Il faut aller vite! vite! vite! Ça ne s'écrit pas, un journal, ça se danse. Sais-tu comment on l'écrirait, ton titre, chez les Amerlauds: «URSS: Silence; USA: Sourires.» Voilà du swing! Ah! que n'ai-je des collaborateurs américains! (*la secrétaire entre.*) Qu'est-ce que c'est?

Secrétaire:	Le maire de Travadja.
Jules:	(*à P.*) Les photographes sont là?
Périgord:	Non.
Jules:	Comment! Tu n'as pas convoqué les photographes?
Périgord:	Mais je ne savais pas...
Jules:	Faites attendre et ramassez tous les photographes de la maison! (*à P.*) Combien de fois t'ai-je dit que je veux un journal humain! (*La secrétaire est sortie.*) Nous sommes beaucoup trop loin du lecteur: il faut désormais que «Soir à Paris» s'associe dans toutes les mémoires à un visage familier, souriant, attendri. Quel visage, Tavernier?
Tavernier:	Le tien, Jules.
Jules:	(*à P.*) Travadja a été détruite par une avalanche et son maire vient recevoir le produit de la collecte que nous avons organisée; comment n'as-tu pas compris, Périgord, que c'était l'occasion pour moi d'apparaître, pour la première fois, à notre clientèle et de lui refléter sa propre générosité? (*La secrétaire entre.*)
Secrétaire:	Les photographes sont là.
Jules:	Faites entrer le maire. (*Elle sort.*) Où est Travadja? Vite!
Périgord:	Au Pérou.
Jules:	Tu es sûr? Je croyais que c'était au Chili.
Périgord:	Tu dois le savoir mieux que moi.
Jules:	Et toi? Qu'est-ce que tu en penses?
Tavernier:	J'aurais penché pour le Pérou mais tu as sûrement raison: c'est...
Jules:	Pas de pommade! Je n'ai pas honte d'être autodidacte! Apportez la mappemonde! (*Ils l'apportent. Jules s'agenouille devant elle.*) Je ne trouve pas le Pérou.
Tavernier:	En haut à gauche. Pas si haut: là!
Jules:	Dis donc, c'est un mouchoir de poche. Et Travadja?
Tavernier:	C'est le point noir, à droite.
Jules:	(*sec*) Tu as meilleure vue que moi, Tavernier.
Tavernier:	Je te demande pardon, Jules.

(*Le maire de Travadja entre, suivi des photographes*)
J. P. Sartre. *Nekrassov*. Paris: Editions Folio, 1975, II.4.

Freud avec nous

Grâce à Freud, aux enquêtes de motivation, au vaste champ de références que constituent les expériences publicitaires américaines, les spécialistes français sont sur le point de transformer «le petit prince» en petit singe – celui qu'on voit dans la glace lorsqu'on s'y regarde trop longtemps. Ils lui font jouer tous les rôles. Il y a l'enfant prescripteur, l'enfant-cible, l'enfant-appât, l'enfant-alibi. Il y a aussi l'enfant exploité et, bien sûr, l'enfance exploitée.
E. Dichter, l'un des promoteurs de la «recherche de motivation» qui a permis de connaître les mobiles inconscients et les réflexes conditionnés des gens, afin de les

utiliser en fonction du produit à vendre, a dit très justement: «L'une des tâches principales de la publicité dans le conflit entre le plaisir et la culpabilité n'est pas tant de faire vendre le produit que de donner la permission d'avoir du plaisir sans sentiment de culpabilité.» C'est sans aucun doute un des rôles essentiels de l'enfant dans la publicité que de justifier, de «déculpabiliser» les mères acheteuses, qui sont la clientèle la plus importante à toucher (dans les classes moyennes, les femmes décident de 80% des dépenses familiales).

Qu'il s'agisse d'un produit destiné aux enfants ou de n'importe quel autre (savon, papier hygiénique, eau minérale etc.) on l'associe à l'enfant afin qu'il fasse croire à l'acheteuse que sa motivation n'est pas égoïste et que c'est dans l'intérêt de l'enfant qu'elle achète tel ou tel produit. Ou bien l'enfant est un symbole du produit naturel vrai qui ne trompe pas. Il prouve aussi qu'il n'est pas nocif. Si le savon ne fait pas de mal à la fesse de bébé, il ne fera pas de mal à une joue féminine. L'enfant à qui l'on achète les vêtements que l'on n'ose pas s'acheter pour soi permet aussi le transfert déculpabilisé de ses propres désirs d'achats. Il est aussi une compensation, on reporte sur ses enfants les désirs non satisfaits de son enfance. On veut leur donner plus de chances dans la vie, plus de satisfactions, plus d'objets aussi.

Mais pourquoi notre époque est-elle aussi vulnérable à l'enfant? Un psycho-sociologue d'une agence de publicité propose une réponse: «Il y a chez beaucoup de gens une prise de conscience de l'absurdité de cette course vers tous les biens de consommation. L'enfant redonne un sens à la vie. Il est une justification qu'on ne trouve pas ailleurs. Il comble le vide laissé par les religions et les croyances.

A.-M. de Vilaine. *Le Monde*. Dossiers et Documents, N° 24, Oct. 1975.

Strukturbilder

Relations publiques et pressions sur la presse

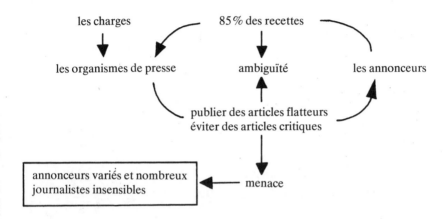

Possibilités et techniques de la persuasion

le but: influencer le public
l'observation fondamentale:
on cherche ses informations là où il y a des
chances de trouver celles qui vont dans le
sens de ses idées et croyances.
↓
il ne faut pas heurter de front: danger du boomerang
↓
il faut faire semblant de confirmer une opinion
que l'on veut

remplacer   changer